DE LA

SAISIE ADMINISTRATIVE

QUESTION NOUVELLE

SUR L'ART. 75 DE LA CONSTITUTION DE L'AN VIII

PAR

E. REVERCHON,

Avocat à la Cour impériale de Paris, ancien avocat au Conseil d'Etat
et à la Cour de cassation, ancien maître des requêtes
au Conseil d'Etat.

(Extrait de la *Revue pratique de droit français*, t. XVI, nº du 1er juil. 1863, t. XX,
nºs des 1er-15 août 1865, et t. XXI, nºs des 15 janv.-1er février 1866.)

PARIS
A. MARESCQ AINÉ, LIBRAIRE-ÉDITEUR
RUE SOUFFLOT, 17.

1866

DE LA

SAISIE ADMINISTRATIVE

QUESTION NOUVELLE

SUR L'ART. 75 DE LA CONSTITUTION DE L'AN VIII

DE LA

SAISIE ADMINISTRATIVE

QUESTION NOUVELLE

SUR L'ART. 75 DE LA CONSTITUTION DE L'AN VIII

PAR

E. REVERCHON,

Avocat à la Cour impériale de Paris, ancien avocat au Conseil d'Etat
et à la Cour de cassation, ancien maître des requêtes
au Conseil d'Etat.

(Extrait de la *Revue pratique de droit français*, t. x[illegible] t. [illegible],
nos des 1er-15 août 1865, et t. XXI, nos des 15 jan[illegible])

PARIS

A. MARESCQ AINÉ, LIBRAIRE-ÉDITEUR

RUE SOUFFLOT, 17.

1866

PREMIER ARTICLE.

(1er juillet 1863.)

Une thèse étrange (cette qualification atténue sensiblement l'expression de ma pensée) s'est produite récemment devant le tribunal civil de la Seine, et le succès qu'elle y a obtenu prouve de nouveau, au grand encouragement de l'esprit de paradoxe, qu'il n'est pas d'erreur, si énorme qu'elle soit, qui ne puisse être momentanément surprise à l'incertitude des jugements humains.

En deux mots, voici les faits; les noms, quant au droit du moins, ne font rien à l'affaire (1).

Un Français, que les événements politiques ont contraint à quitter son pays, croit pouvoir employer ses loisirs à retracer les annales d'une de nos grandes familles pendant les XVIe et XVIIe siècles, et, comme il écrit dans sa langue maternelle un ouvrage consacré à une période de l'histoire de sa patrie, il conçoit naturellement le projet de publier cet ouvrage en France. Il peut d'autant moins s'attendre à rencontrer des obstacles à cet égard, que d'abord il entend bien se mettre en règle avec toutes les exigences de la loi, et que, de plus, il ne connaît aucun précédent qui puisse l'inquiéter. Il sait même qu'à une autre époque, sous le gouvernement qu'une révolution a renversé en 1848, un personnage éminent, qui subissait alors dans une prison, non pas la conséquence des actes d'autrui, mais la condamnation régulièrement prononcée contre lui pour des faits qui lui étaient personnels, a pu librement publier en France le résultat de ses études et de ses travaux, encore bien qu'il ne s'agît pas d'histoire ancienne, mais de politique contemporaine et actuelle. Il sait enfin que les panégyristes officiels du pouvoir existant proclament à l'envi la force de ce pouvoir et la générosité que cette force même lui rend facile; il en conclut accessoirement que ce même pouvoir ne sera pas seulement retenu par le respect de la loi,

(1) Voir cependant, à l'Appendice ci-après, le récit des faits, extrait de la plaidoirie de Me Dufaure sur l'appel.

mais aussi par l'inutilité de la violer et par la crainte de contredire, en la violant, les éloges mêmes dont il est l'objet.

En conséquence, le Français auquel je fais allusion traite avec un éditeur français pour la publication du livre projeté. Toutes les formalités et déclarations prescrites par les lois de la matière sont scrupuleusement accomplies; l'impression du livre se poursuit, et le premier volume est sur le point de paraître, lorsque tout à coup, sans mandat de justice (il ne pouvait pas y en avoir), un agent de la force publique se présente chez l'imprimeur et enlève toutes les feuilles composant la partie déjà imprimée de ce volume. Aucune assignation n'est d'ailleurs donnée à l'imprimeur et à l'éditeur pour faire prononcer par la justice sur la validité de cet enlèvement; aucune saisie n'est pratiquée, dans le sens juridique et légal du mot; il n'y a, on le reconnaît hautement, qu'une voie de fait pure et simple, ou, si l'on veut, *une saisie administrative*, ce qui n'est qu'une euphonie plus ou moins ingénieuse imaginée pour rendre la même idée (1).

Ainsi troublés dans l'exercice de leur droit, dans la jouissance de leur propriété, l'auteur et l'éditeur intentent une action en restitution de leur chose devant le tribunal civil, et l'intentent contre l'administration par l'ordre de laquelle cette chose leur a été enlevée. Ils n'accompagnent leur demande d'aucunes conclusions en dommages-intérêts ou à d'autres fins personnelles contre le chef de cette administration, c'est-à-dire contre M. le préfet de police; ils ne forment contre lui aucune action personnelle en responsabilité ; ils l'assignent en sa qualité, *ès noms,* comme représentant l'administration qu'il dirige.

La revendication est-elle fondée? Sont-ils propriétaires de ce qu'ils soutiennent leur appartenir? Ont-ils le droit de publier un livre d'histoire ou autre en France? Un tel droit peut-il être paralysé, en dehors des voies légales, au préjudice de quiconque se conforme aux prescriptions de la loi pour en user (2)? Ces questions ne naissent pas encore ; une exception

(1) Voir, en ce qui concerne plus particulièrement cette illégalité et ses conséquences, les §§ VII et suiv. du 3e article, page 42 ci-après.

(2) La circulaire ministérielle du 13 mai 1861, que mentionne le jugement ci-après rapporté, énonce bien en passant que les personnes de la ca-

préjudicielle a été opposée, et il s'agit uniquement, en l'état, d'apprécier cette exception, puisée dans l'article 75 de la constitution du 22 frimaire an VIII, lequel est ainsi conçu : « Les « agents du gouvernement autres que les ministres ne peu- « vent être poursuivis pour des faits relatifs à leurs fonctions « qu'en vertu d'une décision du conseil d'État; en ce cas la « poursuite a lieu devant les tribunaux ordinaires. »

Or, a-t-on dit, l'article 75 ne s'applique pas seulement au cas où la poursuite, civile ou criminelle, tend à faire prononcer une condamnation contre un agent du gouvernement; il doit s'appliquer aussi à toute action, réelle ou personnelle, civile ou criminelle, de laquelle il peut résulter qu'un agent du gouvernement a fait un exercice irrégulier ou abusif de l'autorité dont il est revêtu. Voici, du reste, le texte du jugement qui a accueilli cette prétention (20 mai 1863) :

« Attendu que la saisie qui donne lieu à l'action a été or- « donnée par M. le préfet de police, agissant en conformité « d'une instruction ministérielle, et a été effectuée par l'un « de ses agents requis à cet effet;

« Attendu qu'elle implique l'usage du pouvoir qui lui était « délégué;

« Attendu qu'aux termes de l'article 75 de la Constitution « de l'an VIII, les agents du gouvernement ne peuvent être « poursuivis pour faits relatifs à leurs fonctions sans l'autori- « sation du Conseil d'Etat;

« Attendu que cette disposition a pour but de maintenir la « séparation des pouvoirs et de prévenir le trouble qui pour- « rait être pour le fonctionnaire la conséquence de procès « témérairement engagés;

« Qu'elle trouve son application par cela seul qu'une de- « mande portée devant un tribunal de l'ordre judiciaire, et « quel que soit son caractère pénal ou civil, personnel ou réel,

tégorie à laquelle appartient l'auteur du livre enlevé *sont placée en dehors du droit commun*. Mais nul ne fera, soit au ministre qui a signé cette circulaire, soit surtout à la justice française, l'injure de supposer que la phrase dont s'agit ait voulu ou qu'elle puisse faire considérer ces personnes comme étant exclues du droit commun au-delà des limites déterminées par les actes législatifs, ou réputés tels aux termes de l'article 58 de la constitution, qui les concernent.

« lui impute l'exercice irrégulier ou abusif de l'autorité dont « il est revêtu;

« Attendu que les demandeurs n'ont pas obtenu la décision « nécessaire à la validité de la procédure ;

« Par ces motifs, le tribunal surseoit à statuer pendant trois « mois, etc.... »

J'avoue franchement qu'en lisant ce jugement, j'ai cru rêver. Je pourrais me contenter de dire qu'il refait, et, par conséquent, qu'il viole le texte même de l'article 75, qui prévoit et règle exclusivement le cas de poursuites dirigées contre *les agents du gouvernement*, et ne s'occupe en aucune façon des poursuites dirigées contre le gouvernement seul ou contre l'administration (centrale, départementale ou communale). Le but manifeste et l'esprit de cet article ne sont, du reste, pas moins clairs que son texte, ainsi qu'on va le voir dans un instant.

Toutefois, avant d'aborder cette discussion, je me suis demandé si la jurisprudence du Conseil d'Etat, dans l'application de l'article 75, fournirait par hasard quelque prétexte à l'erreur qui vient d'être énoncée. J'ai parcouru cette jurisprudence depuis son origine, depuis plus de soixante ans, et je n'y ai rien trouvé qui permît de supposer que la question eût jamais été soulevée. J'ai consulté un des membres du Conseil d'Etat qui connaissent le mieux cette partie de sa jurisprudence, et il m'a répondu : « Comment voulez-vous « qu'une semblable question se soit présentée? Autant vau- « drait rechercher si le Conseil d'Etat a jamais eu besoin de « décider que l'autorisation exigée par l'article 75 ne s'ap- « plique pas aux poursuites dirigées contre de simples par- « ticuliers. »

Quel est, en effet, le caractère et le but de l'article 75? Cet article se rattache, on le sait, au principe de l'indépendance respective du pouvoir administratif et du pouvoir judiciaire. Deux garanties différentes ont paru nécessaires pour protéger ce principe, dans l'intérêt administratif, contre les empiétements possibles de l'autorité judiciaire. D'abord s'il s'agit d'actes qui, soit par leur nature, soit en vertu des dispositions expresses de la loi, ne peuvent être appréciés, même dans leurs rapports avec les droits privés, que par l'autorité administrative elle-même, celle-ci possède un moyen de défense péremptoire dans le droit qui lui appartient d'élever et de juger le conflit. Elle le possède non-seulement à l'encontre des réclamations qui ne s'attaqueraient qu'à l'administration, mais aussi à l'encontre de celles qui prétendraient faire peser, isolément ou concurremment, sur tel ou tel agent de l'administration, la responsabilité de la part qu'il aurait prise à tel ou tel acte, si la connaissance du contentieux auquel cet acte peut donner lieu est dévolue à l'autorité administrative. C'est ce qui rend inutile et inapplicable, dans ce cas, toute autre garantie, notamment celle de l'art. 75; en d'autres termes, c'est ce qui fait que le particulier qui intente une action personnelle en responsabilité contre un agent de l'administration, pour un fait dont la connaissance appartient à l'autorité ou à la juridiction *administrative*, n'a nul besoin d'obtenir préalablement l'autorisation qui n'est exigée par l'art. 75 que pour les poursuites *judiciaires* seulement (V. en ce sens une décision du Conseil d'Etat, du 3 février 1855; Lebon, *Recueil des arrêts du Conseil d'Etat*, année 1855, p. 871) (1).

Mais, en dehors de cette première catégorie d'actes administratifs, il en est bien d'autres dont le contentieux, soit par leur nature, soit par les dispositions formelles de la loi, est attribué à l'autorité judiciaire, et il suffit de citer à cet égard les questions de propriété et les contestations en matière de contributions indirectes. A leur égard, le principe de la séparation des pouvoirs n'est plus sauvegardé par le conflit; mais une autre garantie a été créée pour assurer aux fonction-

(1) Cette décision est ainsi conçue :

« Vu la demande du sieur Deliane, tendant à obtenir l'autorisation de « poursuivre à fins civiles le sieur Cabassut, ancien maire et actuellement « adjoint de la commune de Saint-Laurent-d'Olt, pour perception illégale de « sommes dont il n'a pas rendu compte à la commune;

« Considérant que l'action que le sieur Deliane demande à être autorisé « à intenter contre le sieur Cabassut est de la compétence administrative, et « qu'à l'égard des actions de cette nature l'autorisation préalable n'est pas « exigée par la constitution de l'an VIII;

« Considérant d'ailleurs que les comptes réclamés au sieur Cabassut ont « été par lui rendus et ont été apurés par décision du conseil de préfecture « de l'Aveyron du 26 août 1854 :

« Art. 1er. Il n'y a lieu de statuer sur la demande du sieur Deliane tendant à obtenir, etc..... »

naires l'indépendance et la liberté de leur action, qu'aurait pu refroidir ou paralyser la crainte d'exposer à des poursuites vexatoires leur personne, leur fortune, leur honneur peut-être. De là, la règle écrite, ou plutôt reproduite dans l'art. 75, qui n'a fait qu'ajouter aux textes antérieurs l'intervention du Conseil d'Etat, créé par l'art. 52 de la même Constitution.

Ce n'est point ici le lieu d'examiner si une telle protection ne dépasse pas les nécessités, d'ailleurs réelles, en vue desquelles elle a été établie, et si d'autres dispositions n'auraient pas pu atteindre le même but en respectant davantage les droits privés. Ce qui est certain, ce qu'il importe de constater, c'est que l'art. 75 a pour unique objet de mettre les agents de l'administration à l'abri de poursuites *personnelles* devant les tribunaux *pour des faits relatifs à leurs fonctions.*

Cela posé, je n'insiste pas, je n'ai pas besoin d'insister ici sur celle de ces conditions qui exige qu'il s'agisse de *faits relatifs aux fonctions.* La doctrine et la jurisprudence ont eu souvent l'occasion moins encore d'établir la règle que d'en assurer l'observation. Le Conseil d'Etat, par exemple, a toujours décidé que, lorsqu'un fonctionnaire qui réunit les deux caractères d'agent administratif et d'officier de police judiciaire (un maire, un commissaire de police, le préfet de police lui-même, etc.) (1) est poursuivi à raison de faits qui rentrent exclusivement dans la seconde de ces qualités, il n'est pas couvert par la garantie de l'art. 75. Au cas particulier, nul ne prétend, nul ne saurait prétendre que les dispositions légales qui ont déterminé les attributions de M. le préfet de police lui aient conféré le droit de saisir les feuilles d'un ouvrage quelconque en cours d'impression ; l'acte qu'il a commis n'est donc, en aucune façon, *relatif à ses fonctions.*

Mais, quoi qu'il en soit de ce premier point, sur lequel, je le répète, il me paraît superflu de m'étendre, l'art. 75 exige aussi que le fonctionnaire soit personnellement poursuivi, et, lorsque tel n'est pas l'objet de l'action, lorsque l'adminis-

(1) Ainsi l'a jugé notamment une décision du Conseil d'Etat du 25 novembre 1831, relative à M. Vivien, alors préfet de police. Elle n'est point rapportée dans les recueils, mais on peut la consulter aux archives du Conseil d'Etat.

tration seule est mise en cause, il est également impossible que l'art. 75 reçoive son application, sauf à l'administration à se défendre elle-même par la voie du conflit, si la connaissance des contestations auxquelles donne lieu l'acte à raison duquel elle est assignée rentre dans sa compétence légale. C'est même là, pour le dire en passant, ce qui explique comment et pourquoi le conflit ne peut pas être élevé pour assurer l'application de l'art. 75 (art. 3 de l'ordonnance réglementaire du 1er juin 1828). De deux choses l'une, en effet : ou le fait qui motive l'action ne peut être apprécié, quant aux responsabilités qui peuvent en découler, que par l'autorité administrative, et alors elle en revendiquera la connaissance par la voie du conflit; ou ce fait rentre par lui-même dans la compétence judiciaire, et alors l'exception dilatoire que peut invoquer l'agent auquel on en veut imputer la responsabilité ne sort pas du cercle de cette compétence.

S'il en était autrement, il n'est pas une action judiciaire contre l'État, contre un département, contre une commune, qui ne dût être précédée de l'autorisation de poursuivre en même temps le représentant de l'administration actionnée. Prenons d'abord le cas le plus vulgaire. Un individu forme contre l'État ou contre une commune une demande en revendication d'un terrain qu'il prétend lui appartenir, et qu'il présente comme lui ayant été enlevé de fait sans expropriation préalable, ou comme ayant été mal à propos englobé dans une propriété du domaine de l'État ou du domaine communal. Sa demande implique, on le voit, l'usage du pouvoir des agents de l'administration, et une irrégularité ou un abus de leur part dans cet usage ; elle ne suppose pas nécessairement une prévarication, une intention mauvaise (pas plus que ne le suppose l'action intentée, dans l'espèce, contre M. le préfet de police *ès noms*) ; elle ne suppose, elle peut ne supposer qu'une irrégularité ou un abus provenant d'une erreur de fait ou de droit. Cependant il faudra, dans ce système, obtenir l'autorisation de poursuivre personnellement l'agent.

Il est un autre exemple qui s'est plus d'une fois reproduit. L'administration des postes est assignée comme civilement responsable de la perte ou même du vol de lettres ou de valeurs remises dans ses bureaux. Ici, sans doute, peut se poser une question de compétence, qui a été et qui est encore gravement controversée (1). Mais admettons que cette question soit résolue, comme elle l'a été par la Cour de cassation, dans le sens de la compétence judiciaire, s'ensuivra-t-il que le réclamant devra assigner, indépendamment de l'administration elle-même, le fonctionnaire auquel il imputera la perte ou le vol? s'ensuivra-t-il qu'il devra demander et obtenir l'autorisation de l'assigner, alors même qu'il préférerait se contenter de la responsabilité de l'administration? Jamais pareille prétention n'a été élevée, et l'on peut affirmer à l'avance qu'elle ne le sera jamais.

Non-seulement cette prétention n'a jamais été élevée, non-seulement elle ne saurait l'être, mais la confusion commise ici par le jugement ci-dessus rapporté a déjà été repoussée par le Conseil d'État. Une fois, notamment, l'*ignorance de demandeurs peu expérimentés* (j'emploie les expressions dont s'est servi avec moi le membre du Conseil d'Etat auquel j'ai fait allusion tout à l'heure) a réclamé, en vertu de l'art. 75, l'autorisation de poursuivre tout à la fois une commune en la personne de son maire et le maire personnellement. Le Conseil d'Etat, par une décision du 5 août 1857 (Lebon, recueil précité, année 1857, p. 929), a statué en ces termes :

« En ce qui concerne l'autorisation demandée de poursuivre « la commune en la personne de son maire,

« Considérant que, par ses art. 51 et suivants, la loi du « 18 juillet 1837 a réglé la marche à suivre pour toutes les « actions à intenter contre les communes;

« En ce qui concerne le sieur Foucaud (ancien maire) per- « sonnellement,

« Considérant que la demande d'autorisation de poursuites « contre l'ancien maire de la commune de Saint-Nazaire ne « peut être appréciée qu'après la décision qui sera prise à « l'égard de la commune par l'autorité compétente;

« Art. 1er. Il n'y a lieu de statuer sur la demande du sieur « Marlé, tendant à obtenir l'autorisation de poursuivre la « commune de Saint-Nazaire dans la personne du sieur « Foucaud, son ancien maire, pour le règlement des tra-

1) Cette question ne peut même pas s'élever dans le cas prévu par l'art. 3 de la loi du 4 juin 1859.

« vaux exécutés au presbytère, à la maison d'école et à la « mairie.

« Art. 2. Il n'y a lieu de statuer, *quant à présent,* sur ladite « demande, en ce qui concerne l'autorisation de poursuivre « personnellement le sieur Foucaud à raison des travaux qu'il « aurait pu faire sans autorisation régulière. »

On voit que la distinction est aussi nette que possible. S'agit-il seulement d'une action intentée contre la commune, le département ou l'État, en la personne de leurs représentants, le demandeur doit bien remplir les formalités préalables prescrites par les lois de la matière, notamment par celles des 28 octobre-5 novembre 1790, 18 juillet 1837 et 10 mai 1838, et dont l'autorité judiciaire est chargée d'assurer l'observation, sans que d'ailleurs leur omission puisse donner lieu à conflit (art 3 de l'ordonnance déjà citée du 1er juin 1828); mais il n'a pas à obtenir l'autorisation exigée par l'article 75 de la constitution de l'an VIII. S'agit-il, au contraire, d'une action *personnelle* contre tel ou tel fonctionnaire, assigné avec l'administration dont il est l'agent ou assigné seul, l'article 75 reçoit alors son application, parce que c'est précisément, mais uniquement, pour ce cas qu'il a été écrit (1).

(1) Depuis que cet article a paru dans la *Revue pratique*, le Conseil d'Etat a rendu une nouvelle décision qui confirme et applique itérativement la distinction dont il s'agit. Cette décision, en date du 21 décembre 1863, est ainsi conçue (Lebon, recueil précité, 1863, p. 1011) :

« Vu la demande formée par le sieur Follin (Ernest), agissant comme « administrateur de la personne et des biens du sieur Follin (Jean-Baptiste), « son fils mineur, afin d'obtenir l'autorisation de continuer contre le sieur « Plichet, conducteur des ponts-et-chaussées, l'action qu'il a intentée contre « celui-ci devant le juge de paix de Saint-Valery-en-Caux à l'effet, 1° de « faire prononcer la maintenue du sieur Follin (Jean-Baptiste) en posses- « sion d'un terrain qui lui appartiendrait et qui aurait été usurpé par le « sieur Plichet; 2° d'obtenir contre ledit sieur Plichet une condamnation en « dommages-intérêts pour réparation du préjudice causé, notamment pour « la valeur des matériaux extraits dudit terrain et pour le paiement des frais « de l'instance; — Vu, etc.;

« Considérant que, si l'instance que le sieur Follin (Ernest) demande l'au- « torisation de suivre, en ce qu'elle tend à la maintenue du sieur Follin (Jean- « Baptiste), son fils mineur, dans la possession d'un terrain qui aurait été

Il n'est même pas inutile de remarquer à quel point la doctrine inventée par le tribunal de la Seine compromet la cause qu'elle croit servir, et ici je me contenterai de citer un fait. Il y a quelques années, deux communes intentèrent une action judiciaire contre l'Etat, à raison du dommage que leur avait causé l'exécution d'une mesure de salubrité publique, et elles fondaient leur action sur l'impéritie, notoire à leurs yeux, du fonctionnaire qui avait présidé à cette exécution. S'il était vrai que toute action qui suppose une irrégularité ou un abus de la part d'un agent de l'administration dans l'exercice de son autorité doit donner lieu à l'application de l'article 75, les communes dont il s'agit auraient été obligées non-seulement d'assigner l'Etat, mais de se faire autoriser à assigner aussi le fonctionnaire dont le fait pouvait engager la responsabilité de l'Etat. En d'autres termes, dans les cas semblables, il ne faudrait pas seulement mettre en cause l'administration, l'être moral et collectif; il faudrait aussi mettre en cause l'agent, au risque de faire retomber sur sa fortune, peut-être sur celle de sa veuve ou de ses enfants (c'eût été le cas de l'espèce ci-dessus), les conséquences d'une faute dont l'administration peut suffisamment indemniser la partie lésée, et l'on placerait le Conseil d'Etat dans la pénible alternative ou d'un déni de justice ou d'une justice dont la rigueur dépasse-

« usurpé par le sieur Plichet, ne présente pas le caractère *d'une poursuite* « *personnelle* donnant lieu, à l'égard de cet agent de l'administration, à l'ap- « plication de l'art. 75 de l'acte const. du 22 frimaire an VIII, elle est, « à d'autres égards, dirigée contre le sieur Plichet considéré comme *person-* « *nellement* tenu vis à vis du requérant;

« Considérant que de l'avis de notre ministre des travaux publics il résulte « que, dans les faits qui lui sont imputés, le sieur Plichet n'a agi que comme « chargé de l'exécution de travaux publics par l'administration supérieure « et conformément aux ordres qui lui avaient été donnés :

« Art. 1er. N'est pas accordée au sieur Follin (Ernest) l'autorisation de « suivre l'action qu'il a intentée devant le juge de paix de Saint-Valery-en- « Caux en tant que cette action a pour objet de faire condamner le sieur « Plichet comme personnellement tenu vis à vis de lui.

« Art. 2. Il n'y a lieu de statuer sur la demande formée par le sieur « Follin..... en tant que cette action a pour objet de faire prononcer la « maintenue du sieur Follin (Jean-Baptiste) en possession d'un terrain qui « lui appartiendrait et qui aurait été usurpé par le sieur Plichet. »

rait le but. N'est-il pas, à tous égards, préférable, et l'intérêt administratif n'est-il pas le premier à conseiller d'éviter un pareil résultat? L'administration, si elle est assignée seule, soutiendra seule l'action; elle appréciera ensuite, avec la latitude et aussi avec l'indulgence qui lui sont propres, s'il lui convient de faire expier à tel ou tel agent les suites de la responsabilité dont elle aura pu être juridiquement frappée par la faute plus ou moins grave de cet agent. De cette façon, tous les intérêts sont conciliés et ménagés; tous seraient, au contraire, également atteints par la théorie du tribunal, et c'est ainsi, pour le dire en passant, que les expédients imaginés pour se soustraire, dans un cas donné, à la simple et stricte observation de la loi, se retournent presque toujours contre la pensée même qui les a inspirés.

La distinction que le tribunal de la Seine a eu, dans l'espèce, le tort de méconnaître offre une évidente analogie avec celle qui résulte du droit commun en matière de mandat. Aux termes de l'article 1997 du Code Napoléon, le mandataire qui a donné à la partie avec laquelle il contracte en cette qualité une suffisante connaissance de ses pouvoirs n'est tenu d'aucune garantie pour ce qui a été fait au-delà, *s'il ne s'y est personnellement soumis*. Ainsi, en principe, le mandataire qui traite au nom de son mandant avec un tiers ne s'oblige point lui-même envers ce tiers il ne s'oblige, il n'engage sa propre responsabilité qu'autant qu'il s'y est personnellement soumis. Cette règle est de tous points applicable aux fonctionnaires qui représentent l'administration, dont ils sont les mandataires, dans ses rapports avec les tiers. Si ceux-ci ne croient pas que le mandataire se soit obligé envers eux, ou si la responsabilité du mandant leur suffit, ils ont le droit de s'en tenir à cette responsabilité, et il leur appartient exclusivement d'apprécier leur intérêt à cet égard, sauf le recours du mandant contre son mandataire. Si, au contraire, ils se croient fondés et intéressés à invoquer aussi la responsabilité que le mandataire a pu assumer envers eux par un contrat exprès ou par un fait équivalent, ils devront assurément, lorsque ce mandataire sera un fonctionnaire représentant de l'administration, obtenir préalablement l'autorisation prévue par l'article 75; mais cette con ition ne change rien au principe, et ce sera encore à eux qu'il appartiendra d'apprécier s'il leur convient de s'y soumettre ou de se borner à actionner l'administration seule.

Dira-t-on qu'ainsi l'article 75 pourra être souvent éludé, en ce sens que l'on se contentera d'agir contre l'administration ? Mais ce n'est pas éluder une loi que de n'en pas réclamer l'application dans un cas pour lequel elle n'est pas faite. Quel est, au surplus, l'un des buts principaux de l'article 75 ? C'est de mettre les fonctionnaires à l'abri de trop fréquentes demandes en responsabilité personnelle. Or ce but est précisément atteint quand la partie qui se prétend lésée s'abstient elle-même de former une demande de cette nature et s'adresse à l'administration seule, assurément assez forte pour se défendre.

Une autre objection a été faite. On a dit que l'agent de l'administration, assigné et condamné en cette seule qualité, pouvait refuser d'exécuter la condamnation, et qu'alors il faudrait ou l'y condamner à l'avance par corps, ce qui entraînerait à sa charge une condamnation personnelle, ou obtenir après coup l'autorisation de l'article 75, de telle sorte qu'en réalité on aboutissait toujours à la nécessité de cette autorisation. Mais les réponses se pressent pour faire justice de ce singulier argument.

En premier lieu, s'il avait précédé les faits de l'affaire actuelle, il suffirait de nier absolument la possibilité de la résistance d'un agent de l'administration aux décisions souveraines de la justice ; il suffirait de dire que la seule supposition de cette résistance constituerait une grave injure envers les fonctionnaires auxquels elle serait imputée. Mais, dans l'état actuel des choses, cette première réponse a cessé d'être péremptoire ; heureusement il en existe d'autres qui ne sont pas moins décisives.

Et d'abord, si le cas se présente, la partie intéressée avisera ; elle verra s'il lui est nécessaire et s'il lui convient de demander l'autorisation de poursuivre personnellement le fonctionnaire qui se rendrait coupable d'un pareil refus ; mais rien ne l'oblige à commettre d'avance l'énorme inconvenance d'en prévoir l'éventualité.

Ensuite, dans le même cas, deux autres moyens lui sont offerts. D'une part, elle peut demander et obtenir de la justice la condamnation de l'administration au paiement d'une somme déterminée par chaque jour de retard dans l'exécution de la sentence principale. D'autre part, elle peut déférer au Conseil d'Etat, non pas le fonctionnaire personnellement, en vertu de l'article 75, mais l'acte par lequel ce fonctionnaire aurait commis le refus dont il s'agit; elle peut attaquer cet acte devant le Conseil d'Etat au contentieux pour cause d'excès de pouvoir, ainsi que l'a fait avec succès en 1848 la demoiselle Pallix, dans une affaire où le préfet de la Manche, en se fondant sur la nécessité d'assurer le maintien de la tranquillité publique, avait pris sur lui d'ordonner qu'il serait sursis à l'exécution d'un arrêt rendu contre l'Etat par la Cour impériale de Paris (Voir l'arrêt du Conseil d'Etat du 26 août 1848; Lebon, recueil précité, année 1848, page 548).

L'objection n'a donc, sous aucun rapport, aucune valeur, et c'est peut-être s'y être trop arrêté que de l'avoir réfutée.

En définitive, le jugement rendu, dans l'espèce, par le tribunal de la Seine, ne soutient pas l'examen. A certains égards, je verrais cependant avec plaisir que la partie intéressée suivît la voie tracée par ce jugement; car j'espère que le Conseil d'Etat déclarerait qu'il n'y a pas lieu pour lui de statuer, et redresserait ainsi l'erreur commise ici par l'autorité judiciaire, dont il connaît et défend habituellement mieux les prérogatives vis à vis du pouvoir administratif qu'elle ne les défend elle-même : on peut s'en assurer, par exemple, quand on étudie sa jurisprudence en matière de conflits ou de questions de compétence. Je ne redouterais même en aucune façon l'appréciation qu'il ferait de la demande d'autorisation, s'il pouvait l'apprécier : car, dans les circonstances, d'ailleurs peu nombreuses, où il a été saisi de demandes de cette nature contre le préfet de police, il a généralement pris soin de constater, pour refuser l'autorisation, que ce fonctionnaire, au cas particulier, avait agi *dans la limite de ses pouvoirs* (1); or il lui serait bien impossible, dans

(1) Voici l'un des exemples les plus récents (18 décembre 1851) :
« Vu la demande formée par le sieur Gontard, tendant à obtenir l'auto-
« risation de poursuivre à fins civiles le préfet de police du département de

l'espèce, de donner un pareil motif à l'appui du même refus. Mais si la partie intéressée préfère la voie ordinaire de l'appel, il n'est pas permis de craindre que la Cour impériale ne lui accorde pas, quant à la question préjudicielle dont il s'agit, une pleine et entière satisfaction.

« la Seine, pour la réparation du préjudice qu'il prétend avoir éprouvé par « ordre de ce magistrat au mois d'avril 1847 ;

« Vu, etc.,

« Considérant qu'en faisant saisir, au mois d'avril 1847, chez le sieur « Gontard, huit fûts et cent cinquante litres en bouteilles de liquide, le pré- « fet de police du département de la Seine a agi dans la limite de ses droits, « et qu'il ne résulte de l'instruction aucun fait de nature à engager sa res- « ponsabilité :

« Art. 1er. N'est pas accordée l'autorisation de poursuivre le préfet de « police, etc. »

Remarquons en passant que cette décision, comme toutes celles qui statuent sur l'application de l'article 75, recherche si le fonctionnaire a engagé sa propre responsabilité.

DEUXIÈME ARTICLE.

(1er-15 août 1865.)

I. Dans la *Revue pratique* du 1er juillet 1863 (t. XVI), j'ai examiné la question de droit (si tant est que ce fût une question de droit) qui naissait d'un jugement rendu par le tribunal civil de la Seine entre M. le duc d'Aumale et M. le préfet de police, assigné au nom et comme représentant de l'administration qu'il dirige. Je n'ai point à revenir ici sur ma discussion ; je reproduis immédiatement l'arrêt de la Cour impériale de Paris, du 16 juillet 1864, qui a confirmé le jugement précité, et qui est ainsi conçu :

« La Cour,

« Considérant que le préfet de police, ayant fait opérer la saisie d'un livre avant sa publication, a été assigné devant le tribunal de la Seine pour se voir condamner à restituer cet ouvrage, et aux dépens de l'instance;

« Que le tribunal a ordonné qu'il serait sursis à l'examen de la demande jusqu'à ce que la poursuite dirigée contre le préfet de police fût autorisée par le conseil d'État;

« Que les demandeurs ont émis appel dudit jugement, et présentent devant la Cour quatre moyens, à savoir : 1° le préfet de police ayant d'abord opposé l'incompétence du tribunal, celui-ci devait, avant tout, statuer sur cette exception; 2° les demandeurs ne dirigent point leur action contre le préfet, mais contre l'administration de la police; 3° il ne s'agit dans la cause que d'une question de propriété; 4° il y a eu dans le fait dont se plaignent les demandeurs, non-seulement abus de pouvoir, mais encore usurpation de fonctions;

« Sur le premier moyen,

« Considérant qu'en matière de poursuites contre un fonctionnaire, l'exception tirée du défaut d'autorisation, étant d'ordre public, peut être proposée en tout état de cause, et doit être même suppléée d'office;

« Que l'examen de cette exception doit précéder toute discussion;

« Sur le deuxième moyen,

« Considérant qu'il s'agit dans la cause d'un fait personnel de l'administrateur, lequel n'engage en rien les intérêts de l'administration elle-même; que celle-ci ne se prétend à aucun titre propriétaire de l'objet contesté; qu'en réalité, c'est la légitimité de l'acte du fonctionnaire, et non le droit de l'administration qui est contesté;

« Considérant que, si la distinction présentée pour les appelants était admise, les dispositions de la loi de frimaire an VIII et de toutes celles qui protègent les fonctionnaires publics seraient sans effet, car il serait toujours facile de prétendre que, sous le nom de l'administrateur, on ne poursuit que l'administration, ce qui aurait en définitive les mêmes résultats et les mêmes inconvénients;

« Considérant d'ailleurs que les appelants ont demandé que le préfet de police fût condamné à restitution; qu'une sentence intervenue en ces termes entraînerait, par voie de conséquence, des moyens de contrainte contre le défendeur; qu'ainsi, en fait comme en droit, ce second moyen présenté par les appelants ne peut être admis;

« Sur le troisième moyen,

« Considérant qu'il n'est pas de débat judiciaire qui n'engage directement ou indirectemenent des droits de propriété; que faire de cette circonstance un motif d'attribution exclusive et directe aux tribunaux ordinaires serait supprimer la justice administrative et les dispositions de la loi de frimaire an VIII; que nulle part dans la loi il n'est fait une distinction entre les procès qui engagent le droit de propriété et ceux qui pourraient ne pas l'intéresser; que notamment aucune disposition n'établit que l'autorisation préalable à la poursuite des fonctionnaires publics n'est pas nécessaire dans le cas où une question de propriété principale ou accessoire se trouve mêlée aux réclamations des demandeurs;

« Sur le quatrième moyen,

« Considérant que les appelants ont soutenu à l'audience que, dans l'acte dont ils se plaignent, il y a de la part du préfet de police, non-seulement abus, mais encore excès de pouvoir et usurpation de fonctions; que dès lors le fonctionnaire avait agi en dehors de l'exercice de ses fonctions et ne pouvait invoquer la protection de la loi de frimaire an VIII;

« Considérant, en droit, que le but de la loi de frimaire an VIII et de toutes les dispositions analogues est de maintenir la séparation des pouvoirs et de ne pas permettre que les faits administratifs soient appréciés par les tribunaux ordinaires sans qu'ils l'aient été préalablement par l'autorité supérieure et administrative;

« Que ce but ne serait pas atteint si la distinction présentée par les appelants entre l'abus de pouvoir et l'usurpation des fonctions était admise; qu'en effet, tout abus d'autorité implique nécessairement que le fonctionnaire a dépassé les limites de son devoir et a usurpé un pouvoir qu'il n'a pas;

« Que, s'il appartenait aux demandeurs de saisir directement les juges et de supprimer la nécessité de l'autorisation préalable en se plaignant non d'un abus, mais d'un excès d'autorité, la loi serait constamment éludée par une distinction que ne permettent ni son texte ni son esprit;

«Considérant, d'autre part, en fait, que l'acte contre lequel la réclamation est dirigée a été accompli par le préfet de police en suite des instructions de son supérieur, par les agents ordinaires de son autorité, dans un intérêt exclusivement public, et se trouve ainsi, sous tous les rapports, relatif à ses fonctions;

« Considérant, d'ailleurs, et sur l'ensemble des moyens articulés par les appelants, que la loi constitutionnelle qui établit la nécessité de l'autorisation préalable n'a pas seulement pour but de mettre le pouvoir souverain en mesure de décider si le fonctionnaire a agi régulièrement; qu'elle l'appelle aussi à examiner si, quel que soit le fait dont on se plaint, le gouvernement ne doit pas en décharger son agent et en prendre pour lui-même la responsabilité;

« Qu'une telle décision, qui se détermine par des considérations toutes spéciales, embrasse nécessairement tous les faits des agents du pouvoir, et doit, par sa nature même, précéder tout examen et tout débat devant l'autorité judiciaire :

« Adoptant, au surplus, les motifs des premiers juges,

« Confirme, etc. »

II. Je n'hésite point à admettre que cet arrêt a sainement résolu la troisième question. Je reconnais parfaitement que l'art. 75 peut et doit recevoir son application au cas où un individu intenterait contre l'Etat une action en revendication d'un immeuble, et, ne se bornant pas à conclure à des restitutions et à des dommages-intérêts *contre l'Etat*, prendrait aussi des conclusions personnelles *contre l'administrateur* (préfet, ingénieur, etc.), par le fait duquel il prétendrait avoir été dépouillé de sa chose; j'admets sans difficulté que l'objet principal de l'action ne ferait, dans cette hypothèse, nul obstacle à la garantie qui, aux termes de l'art. 75, couvre le fonctionnaire *personnellement* poursuivi.

III. Je n'insisterai pas non plus sur la première question, dont la solution me semblerait irréprochable si la Cour impériale avait commencé par constater qu'au fond la connaissance de l'action appartenait à l'autorité judiciaire; car l'article 75 ne s'applique, on le sait, qu'aux poursuites à exercer devant cette autorité. On peut regretter que l'arrêt n'ait pas catégoriquement affirmé cette compétence; on peut regretter qu'il n'ait pas explicitement écarté le moyen d'incompétence *ratione materiæ* originairement soulevé par M. le préfet de police, et qui consistait à prétendre que les contestations auxquelles donnerait lieu la voie de fait commise par ses ordres ne pouvaient être déférées à aucune juridiction, soit civile, soit même administrative; mais il n'est pas sans intérêt de prendre acte du silence de l'arrêt à cet égard, qui suffit pour établir qu'aux yeux de la Cour de Paris cette prétention, préjudicielle à la question de l'art. 75, était dénuée de tout fondement. Je remarquerais seulement que la Cour aurait dû se contenter de surseoir à statuer, si je n'avais hâte d'arriver aux deux questions sur lesquelles l'arrêt intervenu me paraît surtout défier toute justification.

A cet égard, je devrais dire que l'arrêt intervenu a trompé mes prévisions, puisqu'il a confirmé un jugement dont la doctrine juridique ne soutenait pas l'examen. Je ne vois toutefois aucun inconvénient à confesser qu'il les a réalisées et même dépassées : je n'ai pas besoin d'expliquer en quel sens il les a réalisées; j'ajoute qu'il les a dépassées par l'inexplicable portée de ses théories, et je n'aurai pas plus de peine que de mérite à faire cette démonstration après les solides et décisives discussions de MM. Dufaure et Hébert.

IV. En ce qui touche d'abord la quatrième question, rien n'est plus manifestement inexact que de nier la différence qui existe entre l'abus de pouvoir et l'excès ou l'usurpation de pouvoir, et de prétendre que *tout abus d'autorité implique nécessairement que le fonctionnaire à dépassé les limites de son devoir et a usurpé un pouvoir qu'il n'a pas.* Assurément, si l'on veut exagérer le sens usuel des mots, il est possible de dire que tout fonctionnaire qui commet un abus d'autorité dépasse les limites de son devoir, en ce sens qu'il en dépasse les limites *morales*, alors même qu'il n'en dépasse pas les limites *légales*. Mais il ne s'agit pas ici d'une question de bonne conduite et de moralité ; il s'agit purement et simplement d'une question de légalité, et, à ce point de vue, l'abus d'autorité implique précisément le contraire de ce qu'y voit la Cour de Paris ; il implique que le fonctionnaire, tout en restant dans les limites légales de son devoir, tout en usant du pouvoir qui lui appartient légitimement, a fait un usage erroné, imprudent, dommageable de son droit. En revanche, l'excès ou l'usurpation de pouvoir implique que le fonctionnaire a dépassé les limites légales de son autorité et s'est arrogé des droits que la loi attribue à d'autres agents ou qu'elle n'attribue à personne. La distinction peut-elle être quelquefois délicate dans l'application? C'est ce qu'il est inutile d'examiner ici, puisque, d'une part, ces difficultés accidentelles ne la détruiraient pas dans son principe, et que, d'autre part, malgré la dénégation qui en a été faite ici, elle demeure élémentaire dans la législation, dans la jurisprudence et dans la doctrine. Que signifieraient, en effet, si cette distinction n'était pas certaine, les lois et les arrêts qui, dans une foule de circonstances et de matières, admettent le recours, soit devant la Cour de cassation, soit devant le conseil d'Etat, pour cause d'excès de pouvoir seulement et l'interdisent pour cause d'abus de pouvoir?

Il y a plus : si cette distinction est fausse, si la doctrine de la Cour de Paris est exacte, il faut dire que le préfet qui agirait en dehors de son département, le maire qui agirait en dehors de sa commune, l'ingénieur qui agirait en dehors de sa circonscription, etc., feraient néanmoins *des actes relatifs à leurs fonctions*, et que l'autorité judiciaire devrait s'arrêter devant la prétention de placer ces actes sous la protection de l'art. 75. Il faut dire que la Cour de cassation s'est trompée lorsqu'elle a jugé que l'art. 75 est inapplicable : 1° à un maire inculpé d'escroquerie envers des jeunes gens étrangers à sa commune, auxquels il aurait promis d'user de son influence pour les faire exonérer du service militaire (arrêt du 11 sept. 1807; Dalloz, *Jurisp. gén.*, v° *Mise en jugement*, n° 152); 2° à un garde forestier inculpé de délits de chasse, même dans un canton de bois soumis à sa surveillance (arrêt du 2 mars 1854; Dalloz, *Rec. pér.*, 54, 1, 104); 3° à l'adjoint qui s'ingère dans la surveillance de l'administration du maire (arrêt du 19 février 1863; Dalloz, 63, 5, 189), etc. Il faut dire qu'elle s'est également trompée lorsqu'elle a jugé que l'autorité judiciaire ne doit pas surseoir devant cette simple allégation que l'agent inculpé aurait fait un acte relatif à ses fonctions, mais qu'elle a le droit et le devoir de vérifier elle-même l'exactitude de cette allégation avant de renvoyer le plaignant ou le ministère public à obtenir l'autorisation exigée par l'art. 75 (arrêt du 16 avril 1858; Dalloz, *Rec. pér.*, 58, 1, 295) (1).

M. Faustin Hélie (t. III, p. 403 et suiv.), résumant les principes consacrés à cet égard par la jurisprudence, rappelle d'abord que les actes qui donnent lieu à la garantie doivent être *relatifs aux fonctions*, et ajoute : « De là cette consé« quence que le fait n'est relatif aux fonctions que lorsqu'il « renferme une application quelconque du pouvoir qu'elles « confèrent, lorsqu'il constitue un acte accompli par l'agent « dans sa qualité, ou en vertu de son mandat. » Développant ensuite cette idée, il établit que le fait n'est pas relatif à la fonction, *lors même qu'il se rattache par sa nature à l'exercice de cette fonction, s'il sort de la compétence du fonction-*

(1) Un arrêt de la chambre civile de la Cour de cassation, en date du 5 mai 1862 (Dalloz, *Rec. pér.*, 62, 1, 206), a été invoqué comme ayant jugé qu'il n'appartient qu'au Conseil d'Etat de décider si l'acte est ou n'est pas relatif aux fonctions Mais quand on se reporte aux faits de l'espèce, on voit qu'il s'agissait là d'un abus de pouvoir plutôt que d'un excès de pouvoir; on voit aussi que l'arrêt intervenu n'avait point à trancher et n'a point tranché la question. Très-certainement le conseil d'Etat peut être et se trouve souvent appelé, dans l'examen d'une demande d'autorisation de poursuites, à décider si l'agent inculpé a excédé ses pouvoirs; il s'y trouve appelé, par exemple, lorsque l'autorité judiciaire a pensé que l'agent inculpé avait fait un acte de ses fonctions, et a accueilli l'exception puisée par cet inculpé dans l'art. 75; mais il ne suit nullement de là que cette autorité, si la question est posée devant elle, ne puisse et ne doive pas la trancher elle-même.

naire. L'éminent jurisconsulte cite divers arrêts qui l'ont ainsi jugé, et à ces arrêts il faut ajouter aujourd'hui celui qui a été rendu par la chambre criminelle le 31 mars 1864 (Dalloz, *Rec. pér.*, 64, 1, 148). Dans cette espèce, l'inculpé excipait de l'art. 75 par cela seul que l'acte qui lui était reproché avait été commis dans l'exercice de ses fonctions; la Cour de Paris avait même accueilli, sans autre examen, ce moyen de défense; mais la Cour de cassation, sur les conclusions conformes de M. l'avocat-général Charrins, a fait bonne justice de la confusion commise, et a rendu à l'art. 75 le sens que ses termes révèlent clairement à quiconque prend la peine de le lire sans le mutiler. Il importe de citer textuellement cet arrêt, qui est ainsi conçu :

« Attendu que la garantie de l'art. 75 n'est que la conséquence du principe fondamental de la séparation des pouvoirs; qu'elle n'a pour objet que d'assurer l'indépendance de l'administration à l'égard de l'autorité judiciaire, et de protéger, non la personne inculpée, mais l'acte administratif; qu'il ne suffit pas à son application que la partie poursuivie soit un agent du gouvernement, ni même que les faits incriminés se soient produits pendant qu'elle remplissait sa mission; qu'il faut essentiellement, ainsi que le prescrit l'art. 75, que ces faits soient relatifs à la fonction, en d'autres termes, qu'ils soient un acte de la fonction elle-même, avec laquelle ils s'identifient et dont ils constituent un exercice, bien qu'abusif; que c'est alors au conseil d'État qu'il appartient, même au cas où le fait reproché serait qualifié crime ou délit par la loi, de reconnaître l'abus, de proclamer *la responsabilité personnelle* de l'agent, et de livrer, s'il y a lieu, *sa personne* aux tribunaux ;

« Attendu que Chéronnet était traduit en police correctionnelle par la partie civile, sous la prévention d'avoir publiquement, le 31 mai dernier, au sein de l'assemblée électorale qu'il présidait en sa qualité de maire de Frépillon, proféré des injures et des propos diffamatoires contre le plaignant, alors candidat à la députation, en disant, etc.; que l'action de proférer de telles invectives ne rentre pas dans l'exercice des fonctions de président d'une assemblée électorale; qu'elle n'est pas par elle-même relative aux fonctions, etc. »

Ainsi, dit la Cour suprême, il ne suffit pas que vous soyez fonctionnaire, il ne suffit même pas que vous ayez fait un certain acte pendant que vous remplissiez votre mission, il faut, de plus, que ce soit un acte de vos fonctions, c'est-à-dire que cet acte soit de ceux qu'elles vous obligeaient ou vous autorisaient à faire. En outre, ainsi que l'a établi l'arrêt précité du 16 avril 1858 (et il y en a d'autres dans le même sens), il n'est pas seulement dans le droit de l'autorité judiciaire, il est dans son devoir d'apprécier elle-même cette première question ; si elle s'y refuse, si elle renvoie cette appréciation à l'autorité administrative, elle méconnaît sa propre compétence.

V. On pourrait, dans l'espèce, aller plus loin ; on pourrait concéder que, dans le cas où des doutes se seraient élevés sur la question de savoir si M. le préfet de police avait agi dans les limites de sa compétence légale, il y aurait lieu par l'autorité judiciaire de la renvoyer à l'autorité administrative, par extension de l'art. 75; on pourrait invoquer par analogie, à l'appui de cette solution, la doctrine qui reconnaît à l'autorité judiciaire le droit d'appliquer les actes administratifs dont le sens est clair, mais lui refuse, en cas de contestation sérieuse, le droit de les interpréter. Je n'examine pas si l'on doit, en thèse générale, pousser jusqu'à cette extrême limite le respect de l'art. 75 ; je me borne à remarquer que, dût-elle être admise, cette proposition ne fournirait encore aucun appui à la thèse consacrée par la Cour de Paris. Dans l'espèce, en effet, M. le préfet de police avait la franchise de reconnaître que l'acte qu'il avait commis ne reposait sur aucune loi, et que cet acte était en dehors de sa compétence légale; c'était, disait-il, une mesure politique, déterminée par des considérations étrangères au droit, et dont il n'avait aucun compte à rendre. Résultait-il de là que l'autorité administrative pût et dût seule connaître des réclamations dirigées contre cette mesure, et que, au besoin, M. le préfet eût été fondé à élever le conflit? C'est ce qu'il est superflu de discuter après l'observation ci-dessus présentée au sujet de la première question : car, on le répète, une telle prétention aurait précisément exclu l'application de l'article 75, soit parce qu'elle aurait avoué que l'acte était en dehors de la compétence légale du fonctionnaire qui l'avait commis, soit parce que les litiges qui rentrent dans la compétence administrative ne donnent pas lieu à la garantie établie par cet article (1).

Et c'est ici le lieu d'indiquer à quel point la distinction que j'ai rappelée dérive du principe sur lequel est fondé l'art. 75, c'est-à-dire du principe de la séparation des pouvoirs. Ce principe, en effet, n'a pas et ne peut pas avoir pour objet de couvrir tous les écarts des administrateurs, quels que puissent être ces écarts; il n'a nullement pour but, quoi qu'en ait dit ici la Cour de Paris, *de ne pas permettre que les faits administratifs*, quels qu'ils soient, *soient appréciés par les tribunaux ordinaires sans qu'ils l'aient été préalablement par l'autorité administrative*. Lui donner une pareille portée, c'est faire une étrange injure à l'Assemblée constituante, qui a été la première à le proclamer, et à la constitution de l'an VIII ellemême. Ni cette Assemblée ni cette constitution n'ont voulu établir l'omnipotence arbitraire et absolue du pouvoir administratif; elles ont seulement, ce qui est bien suffisant et bien différent, voulu assurer l'indépendance de l'administration *dans le cercle légal de sa mission*, et c'est ainsi qu'elles ne protégent ni le maire qui prétend avoir le droit d'administrer en dehors de sa commune, ni le préfet qui prétendrait administrer en dehors de son département, ni l'ingénieur qui prétendrait se transformer en préfet, etc. Ainsi compris, ainsi limité, le principe de la séparation des pouvoirs est bien encore quelquefois faussé ou exagéré dans ses applications; il est du moins un instrument d'ordre, il ne dégénère pas en un instrument de despotisme et d'arbitraire.

Il a si bien ce sens, que c'est ainsi qu'il est appliqué et compris, depuis plus de trente ans, dans une des matières où il est le plus fréquemment engagé, c'est-à-dire dans le cas prévu par l'art. 471, n° 15, du Code pénal. On sait que cet article confère aux tribunaux de simple police la répression des contraventions aux règlements *légalement faits* par l'autorité administrative, et aux règlements faits par l'autorité municipale *en vertu de lois* déterminées. Il suit de là que ces tribunaux, lorsqu'ils sont saisis de contraventions de cette nature, ont à la fois le droit et le devoir de vérifier si le règlement qu'il s'agit d'appliquer a été légalement fait par l'autorité de la-

(1) Voir à ce sujet le premier article ci-dessus.

quelle il est émané. Mais, cette question de légalité une fois résolue, l'autorité judiciaire n'a plus le droit de rechercher si le règlement est un acte de bonne ou de mauvaise administration, s'il est ou n'est pas inspiré par une saine et intelligente appréciation des besoins auxquels il tend à satisfaire, s'il est ou n'est pas empreint d'une rigueur inopportune ou excessive; le principe de la séparation des pouvoirs exerce alors sa juste et légitime action, et c'est seulement à l'administration supérieure qu'il appartient de statuer, s'il y a lieu, sur les réclamations que peut provoquer le règlement légalement rendu. On voit que, sous une autre face, on retrouve encore et toujours la même distinction : de même que la sanction pénale peut et doit être refusée par l'autorité judiciaire aux règlements administratifs dont elle n'a pas préalablement reconnu la légalité, de même son action ne peut être paralysée en vertu de l'art. 75, qu'autant qu'elle reconnaît que l'acte qui lui est déféré a été accompli dans le cercle de la compétence légale du fonctionnaire qui l'a commis, et il est surtout impossible de se refuser à cette conséquence lorsque la question de légalité n'est pas même articulée.

VI. Au surplus, fallût-il passer condamnation sur ce point, fallût-il admettre que la Cour de Paris a bien résolu la quatrième des questions qu'elle s'est posées, les motifs à l'aide desquels elle a tranché la seconde de ces questions dépassent, par leur faiblesse, toutes les espérances que j'avais osé concevoir, et fournissent la justification la plus décisive de la critique que j'avais dirigée, sur ce point, contre le jugement de première instance.

L'administration, a-t-on dit, *ne se prétend, à aucun titre, propriétaire de l'objet contesté !* Mais qu'importe, si elle détient et si elle persiste à détenir cet objet, qu'elle ne s'en prétende pas propriétaire? Qu'importe qu'elle n'appuie sa détention que sur une voie de fait, à laquelle il serait facile et juste de donner un autre nom? Dites, si vous pouvez, que le demandeur en revendication ne justifie pas de son droit de propriété sur la chose réclamée; ne dites pas que vous statueriez sur sa demande si le détenteur excipait d'un droit, mais que vous n'y statuez pas parce que le détenteur excipe d'une audacieuse et flagrante violation du droit.

On ajoute que, *si la distinction proposée était admise, l'article 75 serait sans effet, parce qu'il serait toujours aisé de prétendre que, sous le nom de l'administrateur, on ne poursuit que l'administration, ce qui aurait en définitive les mêmes résultats et les mêmes inconvénients !* Je ne reviendrai pas ici sur mon premier travail ; j'y ai surabondamment établi qu'une action personnelle contre un fonctionnaire n'a rien de commun avec une action dirigée contre ce fonctionnaire *ès-noms*, c'est-à-dire contre l'administration seule, et que ces deux actions n'ont ni les mêmes résultats ni les mêmes inconvénients. Je constate simplement que la Cour de Paris ne recule pas devant l'objection péremptoire que j'avais présentée ; elle admet, en écartant la distinction proposée, que toute action dirigée contre l'administration, contre un fonctionnaire *ès-noms*, doit être assimilée à une action personnelle contre ce fonctionnaire, et que l'action en revendication d'un immeuble, par exemple, devra désormais être précédée de l'autorisation exigée par l'art. 75.

On ajoute enfin que la demande tendait à ce que le préfet de police fût condamné à restitution, *et qu'une sentence intervenue dans ces termes entraînerait des moyens de contrainte contre ce fonctionnaire.* Mais c'est encore une erreur complète, et c'est tout à la fois une erreur de fait et une erreur de droit. Je n'ai rien à ajouter à ce que j'en ai dit dans mon premier travail.

VII. L'arrêt se termine par un motif général, qu'il présente comme étant applicable à l'ensemble des questions, et qui est ainsi conçu :

« Considérant que la loi constitutionnelle qui établit la nécessité de l'autorisation préalable n'a pas seulement pour but de mettre le pouvoir souverain en mesure de décider si le fonctionnaire a agi régulièrement ; qu'elle l'appelle aussi à examiner si, quel que soit le fait dont on se plaint, le gouvernement ne doit pas en décharger son agent et en prendre pour lui-même la responsabilité ; qu'une telle décision, qui se détermine par des considérations toutes spéciales, embrasse nécessairement tous les faits des agents du pouvoir, et doit, par sa nature même, précéder tout examen et tout débat devant l'autorité judiciaire. »

Oui, quand il s'agit d'une action personnelle en responsabilité contre tel ou tel fonctionnaire, en d'autres termes, quand on est dans le cas auquel s'applique l'art. 75. Mais si j'intente contre l'État, devant l'autorité judiciaire, une action en revendication d'un immeuble dont j'ai été dépouillé par l'erreur ou la faute d'un ingénieur, d'un agent quelconque, et si je n'implique pas cet agent dans ma poursuite par des conclusions personnelles, l'administration n'a point à examiner si elle doit ou ne doit pas le décharger d'une responsabilité que je ne demande point à faire peser sur lui; jamais cette prétention n'a été élevée, et l'on peut affirmer que l'arrêt actuel ne formera point un précédent à cet égard.

Il eût été plus simple, ce me semble, de reproduire franchement cette pensée de la circulaire de M. de Persigny, qu'il *n'y a pas de droit pour les exilés*. Je reconnais qu'elle eût pu être assez difficile à exprimer, puisque les exilés ne sont en dehors de la loi commune que dans les limites déterminées par les actes dictatoriaux qui les ont atteints; mais, en définitive, la difficulté n'était guère plus grande que celles qui n'ont point arrêté la Cour impériale. Après tout, d'ailleurs, le système de l'arrêt a l'avantage de montrer clairement qu'il ne s'agit pas seulement ici de l'intérêt de quelques personnes placés dans une situation exceptionnelle; il autorise et amnistie à l'avance les mêmes procédés vis à vis de tout écrivain ou de tout citoyen quelconque, et c'est là, pour le dire en passant, ce qui en fait, au point de vue légal, l'extrême gravité; il établit enfin le cas qu'il convient de faire des déclarations solennelles de certains orateurs officiels, qui, avant et après l'affaire actuelle, ont prétendu que les livres ne peuvent être l'objet d'aucune mesure préventive antérieurement à leur publication (1). Mieux vaudrait cent fois permettre de

(1) On lit dans le *Moniteur* du 16 décembre 1859 : « Le régime de la « presse s'applique à trois ordres de publications distinctes : les livres, les « journaux et les brochures politiques ayant moins de dix feuilles d'im- « pression. Pour les livres, c'est la loi de 1814 qui gouverne seule la ma- « tière; aucune condition nouvelle n'a été imposée à leur publication, et « l'on peut affirmer que la liberté du livre n'a jamais été plus complète et « plus incontestée que maintenant. » La même déclaration a été répétée plus tard par M. Baroche devant le Corps législatif, par M. de Persigny

les frapper d'une saisie, même préventive, dont la justice pourrait apprécier la régularité et la validité, que de les affranchir de cette mesure, pour leur en enlever en même temps les garanties, et pour autoriser l'administration à les confisquer sans formalité, sans responsabilité, et, si bon lui semble, pour un temps indéfini.

VIII. On a, devant la Cour de Paris, annoncé l'intention de déchirer tous les voiles, et, pour satisfaire la curiosité d'un auditoire alléché par cette promesse, on lui a naïvement révélé que l'auteur de l'*Histoire des Princes de la maison de Condé pendant les* XVIe *et* XVIIe *siècles* n'avait pas voulu faire une simple spéculation de librairie. L'arrêt de la Cour de Paris, s'il n'était pas brisé par la Cour de cassation, contiendrait un enseignement plus tristement sérieux : il prouverait que, même en France, *la force peut primer le droit*, et que cette audacieuse parole d'un homme d'État étranger a fait des disciples dans notre pays. Je suis, quant à moi, de ceux qui ont assez de confiance dans la justice française et qui l'honorent assez pour croire fermement que la Cour suprême et, s'il y a lieu, le conseil d'État, répudieront toute complicité avec une pareille doctrine et la frapperont de leur réprobation. S'il devait en être autrement, s'il devait être constaté que l'illégalité la plus incontestable et la plus incontestée peut être commise aujourd'hui sans qu'il existe aucun moyen d'en obtenir la répression, il resterait à se rappeler que les triomphes de la force ont toujours été éphémères. et qu'à toutes les époques l'histoire a vérifié ce mot de Tacite : *Socordiam eorum irridere libet qui præsenti potentia credunt exstingui posse etiam sequentis ævi memoriam.*

dans un de ses discours au conseil général de la Loire, etc. On voit que cette liberté du livre, ce droit du livre de n'être saisi qu'après sa publication, et de n'avoir à répondre de ses écarts que devant la justice, subissent en ce moment un assez grave correctif.

TROISIÈME ARTICLE.

(15 janvier - 1er février 1866.)

I. Par un arrêt du 15 novembre dernier, la chambre des requêtes de la Cour de cassation a rejeté le pourvoi qu'avaient formé M. le duc d'Aumale et M. Michel Lévy contre l'arrêt de la Cour impériale de Paris, du 16 juillet 1864, rapporté et apprécié dans la *Revue pratique*, en août 1865. Ce pourvoi reposait principalement sur les moyens suivants :

1° Excès de pouvoir, fausse application de l'art. 75 de la Constitution de l'an VIII et violation de l'art. 7 de la loi du 20 avril 1810, en ce que l'arrêt attaqué, au lieu de commencer par statuer sur la compétence judiciaire contestée par M. le préfet de police, avait cru devoir résoudre tout d'abord affirmativement la question de la nécessité de l'autorisation préalable, et avait condamné les demandeurs à l'amende et aux dépens de leurs appels;

2° Fausse application de l'art. 75 de la Constitution de l'an VIII, soit en ce que l'arrêt attaqué avait décidé qu'il y avait lieu à l'autorisation préalable, bien qu'aucun agent du gouvernement ne fût poursuivi personnellement, soit en ce que l'arrêt a déclaré que l'autorisation préalable était nécessaire, quoique la poursuite, telle qu'elle a été intentée, ne pût aboutir à une condamnation personnelle, et qu'elle ne fût pas intentée pour des faits relatifs aux fonctions de l'agent du gouvernement, mais à raison d'un fait accompli en dehors de la fonction et qui, par son caractère illégal, était même étranger à toute fonction quelconque.

Après un délibéré de cinq heures, la chambre des requêtes a rejeté le pourvoi par un arrêt ainsi conçu :

« Sur le premier moyen :

« Attendu que le préfet de police, après avoir opposé à l'action dirigée contre lui par les demandeurs une exception d'incompétence *ratione materiæ*, a, par des conclusions postérieures, invoqué la garantie constitutionnelle établie par l'art. 75 de la constitution du 22 frimaire an VIII, en faveur des agents du Gouvernement poursuivis pour des faits relatifs à leurs fonctions;

« Attendu que, dans le concours de ces deux exceptions, c'est avec juste raison que l'arrêt attaqué, se bornant à examiner la seconde, a prononcé un sursis et a mis les demandeurs en demeure de se pourvoir de la décision du conseil d'État, nécessaire à la continuation des poursuites;

« Attendu, en effet, que la disposition de l'art. 75, fondée sur des considérations d'ordre et d'intérêt politique et sur le principe de la séparation des pouvoirs administratif et judiciaire, est impérative et absolue;

« Que le défaut d'autorisation préalable forme *in limine litis* une fin de non-recevoir que, sous aucun prétexte, les juges ne peuvent franchir et qui s'oppose expressément, non-seulement au jugement du fond, mais même à tout examen des faits du procès, soit pour en apprécier le caractère, soit pour en déterminer la portée;

« Attendu cependant que, pour statuer sur l'exception d'incompétence, cet examen préalable des faits eût été indispensable, puisque cette exception était fondée sur un prétendu caractère administratif attribué par le préfet aux faits articulés contre lui;

« Qu'ainsi il y avait lieu, comme l'a fait l'arrêt attaqué, de statuer sur la fin de non-recevoir avant toute discussion;

« Sur le moyen proposé dans le mémoire supplétif,

« Attendu que le Tribunal, en prononçant le sursis, s'est borné à mettre à la charge des demandeurs les dépens de l'incident, et que la Cour impériale, en confirmant le jugement, n'a condamné les appelants qu'aux dépens de l'appel; que les dépens du fond ont été ainsi réservés;

« Attendu que ces deux décisions, dont la première n'avait pas d'ailleurs été attaquée devant le juge du second degré, n'ont fait qu'une juste et saine application de l'art. 130 du Code de procédure civile, qui veut que toute partie qui succombe soit condamnée aux dépens;

« Attendu, quant à l'amende de fol appel, que la condamnation au paiement de cette amende ne peut servir de base à un pourvoi en cassation;

« Sur la première branche du deuxième moyen :

« Attendu que la distinction entre le cas où l'agent du gouvernement est poursuivi personnellement et celui où il n'est actionné que comme représentant d'une administration, est sans application dans la cause ;

« Que, si le préfet d'un département, outre sa qualité de fonctionnaire, agent direct du pouvoir exécutif, a aussi, dans certains cas, celle de représentant, soit du domaine de l'État, soit du domaine départemental, etc..., il n'en est pas de même du préfet de police, dont les fonctions sont par leur essence éminemment personnelles ;

« Que, chargé par les lois organiques de son institution de tout ce qui concerne le maintien de l'ordre public, il n'a point d'autre mission distincte et séparée, et que, à ce point de vue, son administration se confond avec sa personne et ne peut en être détachée ;

« Que d'ailleurs, dans la cause, l'action se fonde exclusivement sur des faits qui n'ont pu être que l'œuvre personnelle du fonctionnaire ;

« Attendu, enfin, que la distinction proposée serait, dans la plupart des cas, et spécialement dans le cas actuel, l'annulation de l'art. 75, puisqu'il serait toujours facile de déclarer, pour se soustraire à l'autorisation préalable, que l'on poursuit non l'agent du gouvernement personnellement, mais seulement son administration

« Sur la deuxième branche :

« Attendu que, alors même que l'on admettrait avec le pourvoi que l'action des demandeurs n'était qu'une revendication mobilière, on ne pourrait en tirer la conséquence que cette action aurait pu être suivie sans une décision préalable du conseil d'État ;

« Que l'appréciation de cette revendication aurait, en effet, nécessité l'examen des circonstances qui avaient mis le préfet de police en possession des objets revendiqués, et qu'ainsi, par la force des choses, on se serait heurté de nouveau à l'art. 75, qui ne permet pas un pareil examen sans autorisation ;

« Attendu, d'ailleurs, que la demande, si elle tendait directement à une revendication, devait avoir pour résultat nécessaire de faire déclarer, au moins implicitement, que le préfet de police avait excédé ses pouvoirs, et qu'une telle déclaration, prononcée *de plano,* aurait été incompatible avec le respect de la garantie constitutionnelle réclamée par ce fonctionnaire;

« Sur la troisième branche :

« Attendu qu'il est constaté en fait, par l'arrêt attaqué, que le préfet de police, en faisant opérer la saisie par les agents ordinaires de son autorité, a agi ensuite des instructions de son supérieur hiérarchique, dans un intérêt exclusivement public;

« Que cette constatation suffit pour légitimer la disposition de cet arrêt qui a accueilli l'exception tirée du défaut d'autorisation préalable :

« Que la distinction que le pourvoi prétend établir entre l'abus de la fonction et l'usurpation de fonctions, admissible dans certains cas, ne peut, en présence de ces faits, être accueillie dans l'espèce;

« Que lorsqu'un fonctionnaire, ayant agi dans l'exercice de ses fonctions, réclame, comme dans la cause, la garantie constitutionnelle, il n'appartient plus qu'au conseil d'État d'apprécier si les faits dénoncés doivent être considérés comme un excès de pouvoir engageant la responsabilité personnelle de ce fonctionnaire, ou s'ils n'ont été, au contraire, que l'exercice légitime de son autorité;

« Par ces motifs,

« Rejette. »

II. Je me garderai bien de relever toutes les erreurs que renferme cet arrêt.

En premier lieu, la gravité de l'énorme extension qu'il donne à l'art. 75 a déjà été signalée par l'honorable M. Odilon Barrot, dans une lettre adressée au journal *le Temps* et que ce journal a publiée dans son numéro du 4 décembre 1865; je ne pourrais assurément, sur ce point, que me référer et m'associer à cette décisive réfutation.

En second lieu, il ne s'agit ici que d'un arrêt de la chambre des requêtes. Or, lorsque cette chambre, en présence d'une question qui provoque dans son sein une délibération d'une longueur inusitée, et qui soulève parmi ses membres les dissidences profondes qu'atteste cette délibération même, prend sur elle de prononcer un arrêt de rejet, au lieu de renvoyer l'affaire à la chambre civile, je n'hésite pas à penser, avec M. Odilon Barrot et avec la plupart des jurisconsultes, qu'elle excède sa mission. J'ai eu l'occasion de développer déjà cette opinion dans un travail (*Revue pratique* du 1er avril 1861, tome XI) dont je ne modifierais guère aujourd'hui que la conclusion trop réservée; je me borne à rappeler que l'éminent magistrat dont la Cour suprême doit plus que jamais déplorer la perte, M. Nicias Gaillard, a dit un jour, devant la chambre civile, qu'un arrêt de la chambre des requêtes ne faisait pas jurisprudence; je rappelle également que M. de Vatimesnil, ancien avocat général à la Cour de cassation, ne manquait jamais, lorsqu'on lui citait un arrêt *de la Cour de cassation*, de demander s'il émanait de la chambre civile ou de la chambre des requêtes.

Enfin l'arrêt du 15 novembre, malgré ses hardiesses doctrinales, ou plutôt à cause d'elles, n'est manifestement qu'un arrêt d'espèce. Il est de ceux auxquels il est permis d'appliquer cet adage, souvent répété par les auteurs et par les hommes d'affaires, que les arrêts sont bons pour ceux qui les obtiennent. On peut affirmer sans crainte qu'il ne liera ni la chambre criminelle de la Cour de cassation, dont il a ouvertement méconnu la jurisprudence, ni la chambre civile, ni, le cas échéant, la chambre des requêtes elle-même.

III. Cependant, parmi les propositions les plus saillantes qu'il énonce, il en est une qu'il me paraît utile de mettre en relief : elle donnera surabondamment un excellent *criterium* de la valeur juridique des autres, et elle permettra de répéter : *ab uno disce omnes.*

« Attendu, dit l'arrêt, que la distinction proposée serait, « dans la plupart des cas et spécialement dans le cas actuel, « l'annulation de l'art. 75, puisqu'il serait toujours facile de « déclarer, pour se soustraire à l'autorisation préalable, que « l'on poursuit, non l'agent du gouvernement personnelle- « ment, mais seulement son administration.»

Prise en elle-même, cette proposition n'a aucun sens. L'art. 75 n'a pas pour objet, on le sait, de défendre l'administration, qui a bien d'autres moyens de se défendre; il a pour objet de protéger les fonctionnaires publics, les agents du gouvernement, en empêchant qu'ils puissent être *personnellement* poursuivis. Or, il n'y a pas deux manières de poursuivre un fonctionnaire personnellement; il n'y en a qu'une, c'est d'intenter une action et de prendre des conclusions *contre lui*, et, si l'on se borne à prendre des conclusions *contre l'administration*, il est parfaitement évident que l'on ne poursuit qu'elle, que l'on ne poursuit pas son agent. Sans doute on ne peut poursuivre l'administration qu'à raison de faits commis par ses agents, parce que l'administration est un être abstrait qui ne se meut que par les agents qui le représentent, et il n'y a pas d'affaire, il n'y a pas d'action en revendication ou autre, dans laquelle il ne soit vrai, comme dans l'espèce actuelle, que la cause à raison de laquelle l'administration est actionnée provient de faits commis par ses agents ; mais cela même prouve que l'action dirigée contre l'administration seule ne constitue pas une poursuite personnelle contre l'agent que, par un motif quelconque, le demandeur ne poursuit pas isolément ou en même temps.

L'arrêt a peut-être voulu dire que, tout en n'actionnant que l'administration, on pouvait discuter les faits de l'administrateur, et il a probablement pensé qu'une telle discussion aurait, moralement ou politiquement, les mêmes inconvénients que la poursuite personnelle elle-même, d'où il a conclu que l'art. 75 devait également s'étendre à ce cas. Mais, outre que les inconvénients ne sont nullement les mêmes *pour le fonctionnaire* à la protection duquel l'art. 75 a exclusivement voulu pourvoir, il est clair que l'argument, s'il est fondé, s'applique à toute action, quelle qu'elle soit, contre l'administration ; il n'en est pas une dans laquelle, par la force des choses, les actes de tel ou tel fonctionnaire ne soient la base nécessaire du débat. Il y a quelques années, à propos d'un conflit, M. le commissaire du gouvernement près le conseil d'État au contentieux a été amené à qualifier avec une juste sévérité les procédés employés, dans l'espèce dont il s'agissait, par certains fonctionnaires ; il est allé jusqu'à dire que ces procédés constituaient une spoliation par voies de fait, et le conseil d'Etat, annulant le conflit (arrêt du 14 décembre 1862), a renvoyé la connaissance du fond à l'autorité judiciaire (Dalloz, *Recueil périod.*, année 1863, 3e partie, p. 3) Assurément, si le demandeur, à la suite de cette décision, ne s'est pas borné à prendre contre l'Etat des conclusions à fin de restitution de sa propriété et de dommages-intérêts, s'il a voulu prendre aussi des conclusions à fin de dommages-intérêts contre les fonctionnaires ainsi stigmatisés, il aura dû demander et obtenir l'autorisation de poursuivre ces fonctionnaires. Mais, s'il les a laissés en dehors de son action, il aura pu discuter et l'autorité judiciaire aura pu caractériser leurs actes en toute liberté; elle aura pu, notamment, constater que les ingénieurs dont il s'agissait avaient commis des voies de fait et avaient excédé leurs pouvoirs, et elle l'aura pu parce que la poursuite et la condamnation n'auront, en définitive, atteint que l'Etat.

Vainement on dit qu'il sera bien facile ainsi d'éluder l'art. 75! En aucune façon : car, il faut bien le répéter, l'art. 75 n'est fait que pour garantir les agents du gouvernement contre les poursuites et condamnations *personnelles* dont ils pourraient être l'objet. Quant à l'administration, ou bien elle se défendra par la voie du conflit, si l'action rentre dans la compétence administrative, ou bien il faut qu'elle accepte le débat devant les tribunaux, si les tribunaux sont compétents pour le juger.

Je sais bien que c'est à cette dernière conséquence qu'on veut échapper, et l'on dit au demandeur : « Prenez-vous-en au fonctionnaire personnellement, parce qu'alors nous vous étoufferons sous l'art. 75 » Qu'y a-t-il d'étonnant à ce que le demandeur n'accepte pas avec empressement cette perspective (1)? Autant vaudrait dire, dans toute action en revendication, notamment dans celle à laquelle je viens de faire allusion, que le demandeur spolié aurait le droit d'attaquer personnellement le fonctionnaire spoliateur, et qu'en n'usant pas de ce droit, en se contentant d'actionner l'administration, il élude aussi l'art. 75. Sans doute le spolié a deux actions; sans doute il peut, ou les cumuler, ou préférer à l'action contre l'Etat l'action contre l'agent; mais il peut également préférer à l'action contre l'agent l'action contre l'Etat, et il peut la préfé-

(1) Je ne me permettrai pas de dire, après une éminente autorité, que *l'administration, à la fois juge et partie, ne répond aux réclamations que par l'offre illusoire du recours au conseil d'Etat* (Lettre de l'Empereur à M. le maréchal Mac-Mahon sur la politique de la France en Algérie, p. 19). Je ne le permettrai d'autant moins que je crois pleinement à l'efficacité du recours au conseil d'Etat dans les affaires contentieuses ; j'y crois moins aujourd'hui, par des raisons qu'il est inutile d'exposer ici, dans les questions d'application de l'art. 75.

rer, soit parce qu'il n'aura pas besoin d'une autorisation pour l'exercer, soit parce que la solvabilité de l'administration lui inspirera plus de confiance, soit parce que, en cas de décès du fonctionnaire, il ne veut pas s'en prendre à une veuve et à des enfants, soit enfin par toute autre raison dont nul n'a le droit de lui demander compte, nul ne pouvant le contraindre à mettre en cause le fonctionnaire contre lequel il ne veut pas agir. C'est même, après tout, rendre un singulier service aux fonctionnaires que d'obliger les parties à les attaquer personnellement et à ne pas se contenter de la responsabilité de l'Etat.

IV. On a prétendu, dans le même ordre d'idées, que l'action réagirait nécessairement contre le fonctionnaire, ne fût-ce que par les moyens de contrainte à employer pour l'exécution de la sentence ou par la condamnation aux dépens. Une telle erreur est si énorme qu'il est assez difficile de n'y voir qu'une erreur. Du reste, au moment même où j'écris ces lignes, je trouve la réponse à cette énormité dans un arrêt de la Cour impériale de Paris et dans un arrêt de la Cour de cassation, reproduits par les journaux judiciaires, et il n'y a pas de mois où des décisions semblables ne soient rendues. Le premier de ces arrêts, intervenu en décembre 1865 entre l'État, représenté par le préfet de la Seine, et M. le marquis de La Bourdonnaye, condamne le préfet, *ès-qualités,* à faire cesser, dans un certain délai, le dommage causé au réclamant; le condamne aussi, *ès-qualités,* à lui payer une somme de... à titre de dommages-intérêts; le condamne enfin, *ès-noms*, aux dépens. Est-ce que, par hasard, M. de La Bourdonnaye va faire exécuter ces condamnations sur la personne ou sur les biens de M. Haussmann personnellement, et dès lors est-ce que les condamnations qui interviendraient, dans l'espèce actuelle, contre M. le préfet de police, *ès-noms,* s'exécuteraient sur la personne ou sur les biens de M. Boittelle personnellement? Est-ce qu'il serait plus difficile de faire exécuter celles-ci contre la préfecture de police que celles-là contre la préfecture de la Seine?

Le second arrêt auquel je fais allusion est émané, le 9 janvier 1866, de la chambre civile de la Cour de cassation; il a cassé un jugement du tribunal de 1re instance de la Seine, intervenu entre M. le préfet de police *ès-noms* et le sieur

Chausson, et qui avait décidé que l'administration de la préfecture de police était fondée à se faire rembourser par le propriétaire incendié les frais par elle faits pour éteindre un incendie. Le sieur Chausson n'avait cependant pas, pour intenter son action, été renvoyé à obtenir l'autorisation de poursuivre M. le préfet de police; de plus, la Cour de cassation n'a pas hésité, suivant l'usage, à condamner M. le préfet de police, *ès-noms*, aux dépens de l'instance suivie devant elle. Il est vrai, je le répète, que c'est la chambre civile qui a rendu cet arrêt, et, à ce titre, il manquera peut-être d'autorité auprès de la chambre des requêtes; mais, à cela près, il n'en concourt pas moins à démontrer : 1° que le préfet de police peut être actionné devant les tribunaux au nom de son administration, sans que l'art. 75 ait rien à y faire ; 2° qu'il peut être frappé de condamnations au même nom, sans que ces condamnations doivent s'exécuter sur sa personne ou sur ses biens.

V. Ce dernier arrêt répond également à l'argument tiré de ce que, si le préfet d'un département a la qualité de représentant du domaine de l'État ou du domaine départemental, il n'en est pas de même du préfet de police, dont les fonctions sont purement personnelles. Je ne m'arrêterai pas à faire remarquer que, s'il en était ainsi, le préfet de police ferait, à chaque instant, des actes purement personnels, qu'il en aurait fait un dans l'espèce qui vient d'être rapportée, qu'il en ferait encore, par exemple, lorsqu'il passe un marché pour les services dépendant de son administration, et que, par suite, le fournisseur qui voudrait plaider contre la préfecture de police sur l'exécution de ce marché devrait obtenir, comme on aurait dû l'exiger aussi du sieur Chausson, l'autorisation de poursuivre personnellement le préfet : je ne m'arrêterai pas à prouver qu'il y a là une de ces *hardiesses doctrinales* auxquelles je faisais allusion tout à l'heure. Il me suffit de dire que si, dans l'espèce actuelle, l'action des demandeurs était mal dirigée, si le préfet de police n'était pas, quant à cette action, le représentant de l'administration, il pouvait y avoir là, pour la juridiction saisie, un motif de déclarer les demandeurs non recevables dans leurs conclusions *contre le préfet de police ès-noms*, sauf à eux à trouver et à assigner le vrai représentant de l'administration ; il n'en résultait dans aucun cas que l'autorisation de l'art. 75 fût nécessaire.

Les autres motifs de l'arrêt du 15 novembre ne soutiendraient pas mieux l'examen; mais, encore une fois, il me paraît inutile de pousser plus loin cet examen.

VI. Au fond, soit par sa doctrine, soit par les étranges commentaires qui l'ont précédé, cet arrêt forme un déplorable contraste avec les meilleures traditions de notre histoire, notamment avec le célèbre édit de Louis XII (1498), qui défendait aux magistrats d'obéir *aux ordres du roi et lettres contraires aux ordonnances*, et qui, par conséquent, leur défendait à plus forte raison de s'incliner devant l'ordre illégal d'une autorité inférieure. Il n'est pas moins en désaccord avec le langage si juridique et si élevé que tenait récemment, devant la Cour impériale de Paris, M. le premier avocat-général Oscar de Vallée (*Gazette des Tribunaux* des 7-8 août 1865). Abordant l'objection tirée de ce que l'existence, non pas seulement d'une voie de fait commise par un agent secondaire, mais bien d'un décret impérial, obligeait l'autorité judiciaire à se voiler la face, ce magistrat s'est exprimé ainsi :

« Est-ce à dire que vous ne serez jamais compétents, dès qu'on vous présentera une ordonnance ou un décret? A Dieu ne plaise que je le dise, à Dieu ne plaise que je le pense jamais. Un décret donne à Pierre ce qui est à Paul; Paul revendique sa propriété devant vous; quoiqu'il y ait une présomption en faveur de l'acte de souveraineté, vous jugerez parce qu'il s'agit d'une matière de droit civil, parce que, dans un pareil décret supposé, il y aurait la violation de la propriété placée sous votre protection. Vous ne détruiriez pas pour cela le décret, vous statueriez à côté de lui. C'est ce que vous avez fait dans l'affaire de Chamoy, sur mes conclusions; c'est ce que vous feriez si on vous demandait de punir un citoyen coupable d'avoir refusé une taxe irrégulièrement décrétée ; vous verriez si le titre de la perception est légal. C'est aussi ce qui a été décidé en 1836 à propos des sommes d'argent indûment touchées par le duc de Dalberg à la Caisse des consignations en vertu d'une ordonnance de 1814. Pour me rapprocher de la cause, je suppose qu'un décret confère un nom irrégulièrement et en ordonne l'inscription sur les registres de l'état civil, vous ne devrez pas obéir, et, si vous obéissiez, la Cour de cassation briserait votre décision.

« Vous êtes compétents, même en dépit d'actes contraires du pouvoir exécutif et administratif, pour statuer sur toutes les questions de propriété, quand il y a une propriété qui est atteinte et qui réclame. Cette compétence sur les questions de propriété est générale, et forme un principe qu'un conflit peut ébranler, mais non détruire. C'est ce qui explique pourquoi, en matière d'expropriation, vous avez reçu expressément de la loi le droit de vérifier la régularité du titre de la puissance publique qui exproprie, etc. »

Or, dans l'espèce actuelle, il s'agissait précisément d'une question de propriété mobilière et littéraire ; c'était donc le cas d'appliquer les principes rappelés par M. l'avocat-général Oscar de Vallée. Si la chambre des requêtes a paru les répudier, je ne crois pas qu'elle ait entendu en méconnaître la vérité ; il me semble probable qu'elle a surtout tenu à se dégager et à dégager la magistrature, par un moyen quelconque, de toute solidarité dans cette déplorable affaire ; il me semble probable qu'elle a tenu surtout à n'y pas toucher, à s'en laver les mains, et l'on peut comprendre qu'elle y ait tenu, pourvu qu'elle y ait réussi. Mais y a-t-elle réussi ? Il est permis d'en douter, et, sans le vouloir peut-être, elle a malheureusement paru, par l'empressement qu'elle a mis à empiéter sur le rôle de la chambre civile, s'associer à un acte dont elle était assurément la première à reconnaître l'illégalité.

VII. Cet acte n'a, en effet, aucune base dans notre droit ; nul n'en convient avec plus d'aisance que ceux-là mêmes qui l'ont commis ou inspiré. L'art. 11 de l'arrêté du gouvernement du 12 messidor an VIII, relatif aux pouvoirs du préfet de police, charge bien ce magistrat *de faire exécuter les lois de police sur l'imprimerie et la librairie, en tout ce qui concerne les offenses faites aux mœurs et à l'honnêteté publique ;* mais, outre que les mœurs et l'honnêteté publique étaient désintéressées dans la question, aucune de ces lois n'autorisait, même au nom des mœurs et de l'honnêteté publique, les procédés qui ont été suivis dans l'espèce. L'art. 10 du Code d'instruction criminelle autorise également le préfet de police à faire ou à faire faire les actes nécessaires pour constater les crimes, délits et contraventions, *et à en livrer les auteurs aux tribunaux chargés de les punir ;* mais M. le préfet de police ne prétend pas que le livre dont il s'est emparé par la force contînt un délit quelconque, et il se refuse absolument à livrer l'auteur ou l'éditeur de ce livre aux tribunaux. La saisie *administrative*, c'est-à-dire la confiscation indéfinie dans sa durée, à laquelle il a été procédé n'est prévue et permise par aucune loi; elle constitue donc une flagrante illégalité, nonobstant la circulaire ministérielle de 1861, qui en a tout à la fois inventé le nom et autorisé l'emploi, à l'effet sans doute de rendre un nouvel hommage aux principes de 1789 en ce qui concerne les œuvres de l'intelligence, que l'Assemblée constituante, par l'organe de l'une de ses commissions, déclarait être *la plus sacrée et la plus inviolable des propriétés*.

Si l'administration a désormais chez nous la puissance de se mettre au-dessus des lois en cette matière, il n'y a aucune raison pour qu'elle s'arrête en si beau chemin, ou, ce qui revient au même, elle ne s'y arrêtera que dans les limites et selon les circonstances qu'elle appréciera elle-même. Si un livre peut être saisi avant sa publication et sans que l'administration reconnaisse aucun juge de cette saisie, elle pourra au même titre, par les mêmes motifs ou sous les mêmes prétextes, opérer des détentions administratives et revenir aux lettres de cachet, que le premier Empire avait, au surplus, déjà rétablies par son décret du 3 mars 1810 (1). Elle pourra, par les mêmes motifs ou sous les mêmes prétextes, opérer des exils ou des bannissements administratifs, et, s'il en est ainsi, elle n'aura pas à regretter de n'avoir pas demandé la prorogation de celles des dispositions de la loi de sûreté générale qui ont cessé d'être en vigueur à partir de 1865; elle en aura largement trouvé l'équivalent.

Peu importe que la sagesse et la modération notoires des hommes qui sont en ce moment au pouvoir offrent des garanties contre de tels dangers. Les garanties personnelles ne suppléent pas à celles de la loi : car les hommes passent, mais

(1) On sait que le premier motif de ce décret était ainsi conçu : « Considérant qu'il est un certain nombre de nos sujets détenus dans les prisons « de l'Etat, sans qu'il soit convenable ni de les faire traduire devant les tri- « bunaux ni de les faire mettre en liberté. » Il n'est pas inutile de rappeler ce souvenir, pour montrer à quelles aberrations le génie lui-même peut être entraîné par le mépris de la loi et par l'absence de tout frein.

les précédents subsistent, et c'est le cas de rappeler ici cette exclamation que faisait entendre il n'y a pas longtemps dans le Sénat M. le procureur général Dupin : *Principiis obsta.*

VIII. Mais, a-t-on dit, les exilés sont en dehors du droit commun! Déjà j'ai indiqué la réponse à cette objection, déjà la même réponse a été reprise par M. Odilon Barrot avec l'autorité qui lui appartient; il ne sera dès lors pas nécessaire d'y insister beaucoup. Les exilés dont il s'agit, c'est-à-dire les membres de la famille d'Orléans, sont en dehors du droit commun dans les limites déterminées par la loi du 26 mai 1848, qui a interdit le territoire de la France à l'ex-roi Louis-Philippe et à sa famille, ainsi que par les deux décrets du 22 janvier 1852, dont l'un a attribué au domaine de l'Etat certains biens appartenant aux membres de la même famille, et dont l'autre leur a prescrit de vendre le surplus de leurs immeubles. Mais, sauf ces dispositions, le droit commun de la France continue à protéger et réciproquement à obliger les exilés. Croit-on par hasard qu'aujourd'hui, depuis que la dictature de 1852 a cessé, un simple décret pourrait enlever aux exilés, quels qu'ils soient, leur qualité de Français et les déclarer étrangers? Croit-on qu'un pareil acte, s'il intervenait, ferait obstacle à la juridiction des tribunaux français, seuls compétents pour statuer à l'égard des Français sur les questions d'état civil et de nationalité, et oserait-on contester un seul instant, soit cette compétence, soit le fond même du droit? En sens inverse, si les exilés, quels qu'ils fussent, commettaient un de ces crimes que l'art. 5 du Code d'instruction criminelle permet de poursuivre et de juger, même par contumace, en France, n'est-il pas évident que l'action publique pourrait et même devrait, s'il y avait lieu, s'exercer sans entraves contre eux en vertu de cet article?

Je pourrais poursuivre cette double énumération; mais les deux hypothèses que je viens de poser suffisent pour prouver que les exilés ne sont en dehors du droit commun que dans les limites fixées par les actes législatifs, ou réputés tels (article 58 de la Constitution), qui les concernent. Au surplus, à côté des hypothèses, il y a aussi les faits. En 1853, par exemple, M. le ministre des finances n'a pas hésité à provoquer contre M. le duc d'Aumale l'application des lois sur les domaines engagés, et à réclamer de ce prince une somme considérable, comme complément du prix de domaines de cette nature, atteints pourtant par l'un des deux décrets du 22 janvier 1852; l'affaire a suivi son cours, et elle a été terminée par un arrêt contradictoire du conseil d'État, du 29 janvier 1857, sans que de part ou d'autre on ait songé à contester, au profit ou à la charge des exilés, l'autorité du droit commun.

IX. Il ne s'agit donc pas seulement des exilés (1), il s'agit de tous les citoyens; il n'est pas un droit que ne puisse menacer ou paralyser au même degré l'arbitraire dont l'administration s'est armée. Qu'un écrivain peu agréable annonce un livre dont on craindra le retentissement, une saisie *administrative* en empêchera tout aussi bien la publication, sans recours possible à la justice, qu'elle a empêché celle de l'histoire des princes de la maison de Condé; la loi ne sera pas plus un obstacle, le prétexte de sûreté publique ne sera pas plus difficile à alléguer, dans un cas que dans l'autre. Qu'un Français non exilé encoure la disgrâce, non pas même du gouvernement, mais d'un ministre ou d'un préfet, rien ne s'opposera à ce qu'il reçoive l'ordre de quitter la France, et même, au besoin, à ce qu'il soit frappé d'une arrestation administrative, c'est-à-dire d'une arrestation dont la justice

(1) On a eu, dans cette affaire, le triste courage de parler *des privilèges de l'exil*; on a dit que les exilés échappent à l'action des pouvoirs publics de leur pays et que cette situation explique et justifie les rigueurs exceptionnelles dont ils peuvent être frappés. Je n'examine cette thèse ni quant à l'exil volontaire, qui n'est qu'une expatriation librement préférée, ni quant au bannissement régulièrement prononcé par la justice; mais en ce qui concerne l'exilé proprement dit, ou le proscrit politique, la prétention que je rappelle est tout simplement le *væ victis* aggravé d'une cruelle ironie. S'il fallait la prendre au sérieux, la réfutation en serait par trop facile. De deux choses l'une en effet : ou le livre dont on redoute la circulation est publié en France, ou il est publié en pays étranger. S'il est publié en pays étranger, l'exilé est dans le droit commun à cet égard, c'est-à-dire dans la situation de l'étranger qui publierait un livre dans son pays, ou du Français non exilé qui préférerait la publicité étrangère à celle de la France. S'il est publié en France, l'éditeur français en assume la responsabilité, soit dans sa personne, soit dans ses biens; l'auteur résidant à l'étranger peut même, s'il a des biens en France, répondre pécuniairement de cette publication, et, s'il n'en répond pas personnellement, ce n'est pas au proscrit qu'il faut s'en prendre de ce que sa proscription fait obstacle à sa responsabilité.

n'aura pas à connaître; rien ne s'y opposera, puisque la loi seule s'y oppose, et qu'on se sera arrogé le pouvoir de se mettre au-dessus de la loi. L'arbitraire, en effet, a ce caractère que, précisément parce qu'il est l'arbitraire, il ne comporte ni règle ni limite, et je m'empresse d'ajouter que c'est là son mérite aux yeux de ceux qui ne connaissent et n'adorent que la force.

X. Ai-je besoin de déclarer que cette question n'est pas pour moi une question de personnes et de parti, mais seulement une question de droit (1)? En 1852, dans une affaire portée devant le conseil d'Etat par MM. Mérilhou et Lavielle, conseillers à la Cour de cassation, j'ai été amené à déclarer, comme commissaire du gouvernement, que je ne consentais point et que j'espérais ne jamais consentir à faire descendre une question de droit aux proportions d'une question politique, et qu'à mes yeux le respect du droit était, même au point de vue politique, le premier de tous les intérêts. Ce que je pensais alors, je le pense encore; aucun de mes anciens collègues des fonctions publiques, aucun de mes confrères du barreau, ne me démentira.

XI. Si l'administration ne se croit pas suffisament armée contre certaines attaques, qu'elle demande de plus amples pouvoirs au Corps législatif, dont elle n'a certes pas à craindre l'hostilité; mais, en attendant, qu'elle se résigne à se contenter des pouvoirs qui lui sont conférés par les lois existantes. La prétention de faire de l'ordre avec des illégalités a désormais un nom connu; elle consiste à vouloir faire de l'ordre avec du désordre, puisqu'il n'y a pas de pire désordre que l'illégalité commise par l'autorité qui est chargée de maintenir et qui est plus intéressée que personne à maintenir la légalité. Cette prétention revient aussi à admettre que la fin justifie les moyens; or, une telle maxime, également chère à l'anarchie et au despotisme, est assurément antipathique sous ce double rapport à un gouvernement auquel on doit rendre

(1) Je n'aurais pas la vanité de me mettre ainsi en scène et je ne prendrais pas la peine de me défendre d'un tel reproche, s'il ne m'avait été adressé dans les débats de cette affaire. Je ne me plains pas, d'ailleurs, de l'attaque dont j'ai été l'objet ; je m'en honorerais, au contraire, s'il n'y avait pas des appréciations qui sont aussi impuissantes à honorer qu'à blesser.

cette justice qu'il a triomphé du premier de ces dangers et qu'il travaille à s'arrêter sur la pente qui le ferait tomber dans le second. N'est-ce pas enfin adresser une étrange injure à ce gouvernement, dont nul ne méconnaît la puissance, que de le présenter comme ne pouvant pas supporter la publication de l'histoire de la maison de Condé aux XVIe et XVIIe siècles, par un prince exilé, et n'a-t-on pas rendu un éminent service à un illustre auteur en apportant une si judicieuse intelligence à protéger contre une concurrence éventuelle l'*Histoire de Jules César?* Je ne saurais, quant à moi, prendre au sérieux de telles alarmes, et je répète ici, en terminant, le mot qu'un magistrat m'a dit être celui de toute cette affaire :

Rien n'est plus dangereux qu'un imprudent ami,
Mieux vaudrait un sage ennemi.

APPENDICE.

EXTRAIT DE LA PLAIDOIRIE DE Me DUFAURE

DEVANT LA COUR IMPÉRIALE DE PARIS

A l'audience du 15 juillet 1864.

Messieurs, dans les contestations relativement secondaires que nous vous soumettons chaque jour, nous trouvons chez vous une attention bienveillante, une justice impartiale et éclairée. J'ai l'intime conviction de retrouver et cette attention et cette impartiale justice lorsque je viens placer sous votre protection deux grands intérêts sociaux : 1° le droit de publier sa pensée, surtout lorsqu'elle ne blesse en rien, sous aucun rapport, les lois du pays; 2° le droit sacré de propriété.

Je parle de les recommander à votre protection, car, dans ces derniers temps, un moyen nouveau que je vais indiquer a été essayé, qui me paraît de nature à les compromettre; il a été essayé par deux fois, et voici en peu de mots en quoi il consiste :

Nous avons toujours eu des lois destinées à réprimer les écarts de la presse; que ces lois fussent indulgentes ou sévères, qu'elles fussent modérées ou violentes, elles n'avaient imaginé contre la presse que deux sortes de mesures, l'une préventive, consistant, pour une certaine nature d'écrits, dans des précautions spéciales que l'on prend contre eux avant qu'ils ne paraissent; les autres répressives, s'adressant à toute sorte d'écrits; mais les unes et les autres, en dernier résultat, ressortissant à l'autorité judiciaire, et recevant d'elle leurs règles, leurs mesures, leur application.

Messieurs, la justice n'a pas manqué au désir de répression qu'en différentes occasions on lui a exprimé, et néanmoins, je ne crains pas de le dire, quelque appui qu'elle ait prêté au pouvoir, l'acte contre lequel nous protestons et que nous vous demandons de réprimer est un moyen essayé pour se passer absolument d'elle. Ce moyen est fort simple, et voici en quoi il consiste : on s'empare des écrits avant leur publication, on les renferme dans je ne sais quelle salle de la préfecture de police, on interdit aux journaux d'en parler.

et on ajoute ainsi, sans façon, aux peines qui sont prononcées par nos lois criminelles, une peine nouvelle : je veux dire les vers, la poussière et l'oubli.

Dans deux occasions, cet essai a été fait : la première fois, il a été abandonné ; la seconde fois, on y a persisté, et nous sommes obligés de le soumettre à votre juridiction supérieure.

Je dois raconter en peu de mots ce qui s'est passé une première fois.

Un homme, l'un des plus honorés de notre pays, consacre, depuis bientôt treize ans, le temps et les loisirs que les circonstances lui ont donnés, à écrire ses souvenirs, ses méditations philosophiques, et, si on le veut, ses rêves d'avenir pour un pays qu'il a glorieusement servi et qu'il aime toujours. Il fait lithographier ce qu'il écrit à un petit nombre d'exemplaires qu'il montre à peine à quelques amis, qu'il laisse déposés chez lui comme un héritage précieux dans lequel se formera plus tard l'éducation de ses descendants. — Il avait ainsi, en 1861, confié à un imprimeur lithographe un volume intitulé : *Vues sur le gouvernement de la France*. — L'imprimeur lithographe a déclaré au ministère de l'intérieur son intention d'imprimer; six mois après il a, conformément à la loi, déposé deux exemplaires de l'ouvrage, les seuls qui fussent sortis de chez lui. Le même jour, par conséquent avant toute publication, le tirage entier a été saisi ; quatre-vingt-dix-huit exemplaires ont été pris, enlevés, sans scellés ni inventaire. Mais, se conformant scrupuleusement à la loi, on a déféré immédiatement la question à la justice répressive, et, à la date du 27 juin 1861, sur la poursuite intentée, et contre le lithographe dont je parle et contre M. le duc de Broglie, car c'est l'écrivain dont je parle, le juge d'instruction a rendu l'ordonnance suivante :

« Vu le réquisitoire de M. Bondurand, substitut de M. le procureur impérial, en date du 27 juin, tendant à une ordonnance de non-lieu à suivre ;

« Attendu qu'il n'est pas établi que l'écrit lithographié, intitulé : *Vues sur le gouvernement de la France*, qui a été saisi chez Collet, le 7 juin, ait été publié ; vu l'article 128 du Code d'instruction criminelle ;

Déclarons n'y avoir lieu à poursuivre et ordonnons que les exemplaires saisis chez Collet seront restitués. »

Jusque-là tout était parfaitement régulier. En vertu de l'ordonnance de non-lieu, M. le duc de Broglie a demandé la restitution des exemplaires saisis. Refus absolu de la préfecture de police ; et, malgré la décision du juge d'instruction qui avait ordonné la restitution; il fallut aller devant le Tribunal civil. Là, on commença par opposer contre la poursuite de M. le duc de Broglie l'exception prise de l'article 75 de la constitution de l'an VIII. Cependant, on trouva ce jour-là qu'une telle défense était trop forte, on consentit à rendre les volumes; M. le duc de Broglie se désista de sa poursuite, et tout fut ainsi terminé. Voilà le premier essai.

J'ai à vous raconter le second essai, corrigé, perfectionné, et qui a produit le procès que nous vous soumettons.

M. le duc d'Aumale joint à des goûts militaires assez prononcés, et qui ont jeté quelque gloire sur les heureuses années de sa jeunesse, un amour très-vif des études historiques et une aptitude singulière à écrire la langue de son pays. Des circonstances de famille l'ont mis en possession des précieuses archives de la maison de Condé; il lui a paru que ce trésor ne devait pas être exclusivement sa propriété, que la France avait le droit de connaître tout ce qu concernait une famille qui a certainement contribué à sa gloire : il a voulu écrire l'histoire des princes de Condé. — Une histoire des Condés par un écrivain français ne pouvait, Messieurs, s'imprimer qu'en France; il en a confié le soin à M. Michel Lévy.

Ici, Messieurs, je crois entendre l'objection que des esprits vulgaires vont faire immédiatemeut.

Cette publication, disent-ils, était certainement une machine de guerre. Un prince exilé ne doit songer, dans la retraite à laquelle il est condamné, qu'à méditer des complots contre le gouvernement qui occupe la place occupée autrefois par sa propre famille, qu'à chercher tout au moins, quand il ne l'attaque point à main armée sur ses rontières, à lui susciter des ennemis, à corrompre ses serviteurs, à le harceler, à l'inquiéter.

Messieurs, je crois que l'on rendra cette justice au duc d'Aumale, que telle n'a pas été sa conduite depuis 1848, et, si son nom a été mêlé une fois à des débats de la presse, la Cour voudra bien ne pas oublier que ce n'était qu'à la suite d'une provocation partie de haut, à laquelle il n'a pas pu répondre autrement; mais quant à l'histoire qu'il veut publier, je tiens à le dire, il n'y a rien, absolument rien qui soit de nature à inquiéter les agents les plus zélés et les plus susceptibles du gouvernement actuel. C'est une *Histoire des princes de Condé pendant les seizième et dix-septième siècles*; c'est là le titre que M. le préfet de police ne connaissait pas lorsqu'il a rédigé l'arrêté que je ferai connaître. C'est à la fin du dix-septième siècle que s'arrête cette histoire; elle n'a aucun trait direct ni indirect aux événements de notre siècle; elle se termine à la mort du grand Condé, expirant à Chantilly, entouré d'honneurs et chargé de gloire; elle n'arrive pas plus loin, elle ne parle pas d'autres morts. Voilà toute l'histoire; elle n'a rien qui puisse paraître séditieux.

Elle fut présentée à M. Michel Lévy, et le duc d'Aumale lui fit demander s'il consentirait à l'éditer. M. Lévy devait d'autant mieux y consentir, qu'en 1806, sous le premier empire, un *Essai sur la vie du grand Condé,* par Louis Auguste de Bourbon, son quatrième descendant, a été imprimé chez Colin, et qu'à cette époque le chef du gouvernement n'y a trouvé aucun inconvénient; cette histoire de Condé a pu être publiée. — M. Lévy ne vit donc aucune raison pour refuser de devenir l'éditeur de l'ouvrage préparé par M. le duc d'Aumale. Il confia le soin de l'imprimer à M. Claye, lequel remplit, avec une exactitude dont la Cour doit être instruite, toutes les formalités qu'impose la loi en matière de librairie. Le 9 avril 1862, il fit au ministère de l'intérieur, direction de l'imprimerie et de la librairie, la déclaration suivante, qui fut inscrite sous le n° 2032 du registre et dont il lui fut donné récépissé :

« Je déclare avoir l'intention d'imprimer, pour le compte de MM. Michel Lévy frères, l'ouvrage ayant pour titre :

HISTOIRE DES PRINCES DE CONDÉ,

PENDANT LES XVIe ET XVIIe SIÈCLES

PAR M. LE DUC D'AUMALE.

« Cet ouvrage formera quatre volumes, format in-8°, d'ensemble cent feuilles environ, tiré à 2,000 exemplaires.

« Paris, le 9 avril 1862.

« Signé : J. CLAYE. »

Plus tard, la déclaration fut renouvelée à raison d'un changement qui était apporté à l'ouvrage par l'auteur, d'accord avec l'éditeur. Le duc d'Aumale voulait ajouter au texte de son ouvrage des documents encore inédits, très-curieux : il augmenta le nombre des feuilles de cet ouvrage, et voici la déclaration qui fut faite, le 12 janvier 1863 :

« N° 2263 du registre d'inscription :

« Je déclare avoir l'intention d'imprimer, pour le compte de MM. Michel Lévy frères, l'ouvrage ayant pour titre :

HISTOIRE DES PRINCES DE CONDÉ,
PENDANT LES XVIe ET XVIIe SIÈCLES,
PAR M. LE DUC D'AUMALE.

« Cet ouvrage formera quatre volumes, format in-8°, de 40 feuilles environ par volume, tirés à 4,000 exemplaires.

« Paris, le 12 janvier 1863.

« Signé : J. CLAYE. »

Voilà donc l'éditeur, l'imprimeur et l'auteur parfaitement en règle vis à vis de l'autorité. Le premier volume s'imprime, les épreuves sous bandes sont confiées aux postes de France et d'Angleterre; elles traversent cent fois la Manche sans exciter un seul moment la préoccupation de tous les employés entre les mains et sous les yeux desquels elles passent, nul ne songe à les arrêter. L'imprimeur ayant terminé le texte du premier volume, il l'envoie à un brocheur, le sieur Langlois, rue des Marais-Saint-Germain. — Le 19 janvier, un commissaire de police se présente chez le brocheur Langlois, il est accompagné de deux tapissières, il exige la remise des 4,000 exemplaires du premier volume, qui étaient destinés à être brochés; il prend le tout et l'emporte, sans même dresser, et certainement sans faire signer par Langlois un procès-verbal constatant la main-mise qu'il vient d'opérer.

Nous avons eu plus tard, dans le cours des débats, après sommation par acte d'avoué à avoué, nous avons eu copie des ordres en vertu desquels M. le commissaire de police avait procédé, et, en même temps, du procès-verbal qu'il dressait, probablement après sa rentrée à la préfecture de police.

Voici les termes de l'ordre et du procès-verbal :

« Nous, préfet de police, chargé de la direction générale de la sûreté publique, en exécution de la circulaire de M. le ministre de l'intérieur, en date du 13 mai 1861,

« Requérons M. Marseille, commissaire de police, de se transporter chez M. Claye, imprimeur, rue Saint-Benoît-Saint-Germain, n° 7; chez M. Michel Lévy, libraire, rue Vivienne, n° 2, et partout où besoin sera, à l'effet d'y rechercher et saisir tous les exemplaires d'un ouvrage de M. le duc d'Aumale, ayant pour titre : *Histoire des princes de la maison de Condé*.

« De cette opération il sera dressé procès-verbal, qui nous sera transmis, avec les exemplaires saisis, pour qu'il y soit donné telle suite administrative qu'il appartiendra.

« Paris, le 19 janvier 1863.

« *Le préfet de police chargé de la direction générale de la sûreté publique,*

« Signé : BOITTELLE. »

Et le même jour est dressé le procès-verbal suivant, qui nous a été communiqué au débat de première instance :

« L'an mil huit cent soixante-trois, le dix-neuf janvier, à cinq heures du soir,

« Nous, Armand Marseille, commissaire de police de la ville de Paris, contrôleur général des services extérieurs,

« En vertu et pour l'exécution d'un mandat de perquisition décerné en date de ce jour, par M. le préfet de police, chargé de la direction générale de la sûreté publique, ledit mandat nous prescrivant de saisir partout où besoin sera tous les exemplaires d'un ouvrage de M. le duc d'Aumale, ayant pour titre : *Histoire des princes de la maison de Condé*;

« Nous sommes transporté chez M. Claye, imprimeur, rue Saint-Benoît-Saint-Germain, nº 7, accompagné du sieur Molerat, inspecteur de police, attaché au contrôle général.

« M. Claye, auquel nous avons donné lecture du mandat dont nous étions porteur, a reconnu être chargé par M. Michel Lévy, libraire-éditeur, d'imprimer l'ouvrage par nous recherché. Le sieur Olmer, prote du sieur Claye, nous a déclaré, en présence de son patron, qui l'avait fait appeler, que sur 40 feuilles dont le premier volume doit se composer, 25 feuilles avaient été tirées à 4,000 exemplaires, de même que la première feuille du deuxième volume, et que toutes ces feuilles se trouvaient chez le sieur Langlois, brocheur, rue des Marais-Saint-Germain, nº 17.

« Nous nous sommes alors rendu chez le sieur Langlois, qui nous connaît personnellement, parce que nous avons précédemment procédé chez lui à des actes de notre ministère, et auquel d'ailleurs nous avons fait connaître notre qualité et l'objet de notre mission.

« Sur notre demande, le sieur Langlois a mis à notre disposition trente-quatre paquets de papier imprimé composant, nous a-t-il dit, le total de ce qui lui avait été livré de l'ouvrage de M. le duc d'Aumale.

« Sous la surveillance de nos employés et avec le concours des ouvriers du sieur Langlois, nous les avons fait transporter dans deux voitures dites tapissières, à la préfecture de police.

« Nous avons ensuite, pour les rendre plus maniables, formé des trente-quatre paquets saisis cinquante-six liasses dont nous avons fait autant de scellés munis d'étiquettes indicatives dûment signées.

« Et de ce qui précède nous avons dressé le présent procès-verbal, qui sera transmis, aux fins de droit, à M. le préfet de policce avec les pièces saisies.

« *Le commissaire de police, contrôleur général,*

« A. MARSEILLE. »

Lorsque MM. les représentants du duc d'Aumale apprirent cette saisie pratiquée chez le brocheur, alors que depuis si longtemps l'autorité était avertie de l'impression de l'ouvrage, le connaissait parfaitement, et avait pu en faire lire toutes les épreuves pendant leur trajet de France en Angleterre et d'Angleterre en France, ils craignirent qu'il ne se fût glissé quelque irrégularité dans l'accomplissement des formalités, assez nombreuses, imposées à tout éditeur ou imprimeur, avant la publication. Ils relurent encore le volume pour s'assurer qu'il était absolument irréprochable, et, convaincus qu'aucune irrégularité n'avait été commise, qu'aucun délit, aucun blâme, ne pouvait sortir de l'ouvrage lui-même, ils se rassurèrent, prirent courage et attendirent paisiblement la poursuite qui devait être portée devant les tribunaux.

Mais, pas de poursuite ; on a l'air de redouter, comme dans l'affaire du duc de Broglie, une ordonnance de non-lieu ; on s'arrête donc, la justice n'est pas même avertie de ce qu'on vient de faire, et, à la préfecture de police, on garde les 4,000 exemplaires de l'ouvrage saisi.

Personne n'en parla, excepté un journal étranger qui se permit de raconter les faits que je viens de dire; mais il fut immédiatement repris par un journal de Paris, appelé la *Nation*, qui passait pour avoir des communications avec la préfecture de police. La *Nation* répondit ainsi aux paroles indiscrètes et certainement mensongères du journal étranger. Que la Cour me permette de lui lire ce démenti, qui est assez étrange après ce que je viens de lui raconter. Il faut que le journal ou moi ayons été mal informés.

Extrait de la *Nation* du mercredi 28 janvier 1863 :

« Des correspondances étrangères, et notamment la correspondance parisienne du *Times*, font grand bruit d'une saisie faite de l'ouvrage du duc d'Aumale : *Histoire du prince de Condé* (sic).

« Cette correspondance prétend que le préfet de police n'avait pas le droit de faire opérer cette saisie; que tout Français, même exilé peut légalement publier dans son pays une œuvre purement historique, et elle cite les ouvrages de MM. V. Hugo, Louis Blanc et Quinet, dont on a toléré la publication. Elle ajoute enfin que les agents du duc d'Aumale sont décidés à porter l'affaire devant les tribunaux.

« *Much ado about nothing!* Beaucoup de bruit pour rien. Le *Times* devrait être sur ses gardes.

« Nous croyons pouvoir affirmer qu'il n'y a pas un mot de vrai dans toute cette histoire. »

En lisant cet article, M. Lévy et le duc d'Aumale purent croire que M. le préfet de police se décidait, comme il l'avait fait vis à vis M. le duc de Broglie, à rendre les exemplaires saisis de l'*Histoire des princes de Condé*. Cependant, rien ne fut rendu. L'auteur et l'éditeur pensèrent que, si les lois ont encore quelque autorité dans ce pays, il était absolument impossible que le préfet de police, sans même daigner en avertir la justice, conservât les 4,000 exemplaires de l'ouvrage qu'il avait fait saisir.

Je parle des lois du pays ; que la Cour me permette, moi qui ne dois pas discuter, qui ne fais que raconter, de les rappeler cependant, pour montrer, en deux mots, combien elles sont expresses et formelles.

L'article unique de la loi du 28 février 1817, relative aux articles saisis en vertu de la loi du 21 octobre 1814, est ainsi conçu :

« Lorsqu'un écrit aura été saisi en vertn de l'art. 15, titre 2, de la loi du 21 octobre 1814, l'ordre de saisie et le procès-verbal seront, sous peine de nullité, notifiés dans les vingt-quatre heures à la partie saisie, qui pourra y former opposition En cas d'opposition, le procureur du roi fera toute diligence pour que, dans la huitaine à dater du jour de ladite opposition, il soit statué sur la saisie. — Le délai de huitaine expiré, la saisie, si elle n'est maintenue par le tribunal, demeurera de plein droit périmée et sans effet, et tous dépositaires de l'ouvrage saisi seront tenus de le rendre au propriétaire. »

La même disposition se retrouve dans l'article 11 de la loi du 26 mai 1819. Quand les tribunaux répressifs jugent qu'il n'y a pas lieu de poursuivre à la suite de la saisie que les officiers de police judiciaire ont faite, l'ouvrage doit être rendu.

Enfin, dans la même loi, l'article 26 permet la suppression, la destruction de certains écrits lorsqu'ils sont déclarés coupables, mais il les permet à la condition qu'elle soit prononcée par les tribunaux. Ce grand droit de suppression d'un écrit n'est donné qu'aux tribunaux du pays et non à la première autorité venue, qui peut bien saisir, mais qui n'a pas le droit de supprimer ou de détruire.

Ces raisons furent exposées à M. le préfet de police ; elles furent inutiles. Une sommation qui lui fut adressée par acte d'huissier n'eut pas plus de succès. Enfin, on lui donna assignation à comparaître devant le tribunal civil de Paris, uniquement pour avoir à rendre les 4,000 exemplaires d'un ouvrage qui n'était pas poursuivi, qui ne pouvait pas l'être, exemplaires déposés dans une salle dont lui seul avait la clé et que lui seul pouvait restituer à leur légitime propriétaire.

Cette demande formée contre M. le préfet, je l'ai indiqué, elle tenait au droit d'écrire, de publier sa pensée, et elle avait particulièrement trait à cette nature d'écrits auxquels la loi laisse une liberté spéciale.

Que la Cour me permette de rappeler le passage d'un article officiel inséré dans le *Moniteur* du 16 décembre 1859 :

« Le régime de la presse s'applique à trois ordres de publications distinctes : les livres, les journaux et les brochures politiques ayant moins de dix feuilles d'impression. Pour les livres, c'est la loi de 1814 qui gouverne la matière ; aucune condition nouvelle n'a été imposée à leur publication, et l'on peut affirmer que la liberté du livre n'a jamais été plus complète et plus incontestée que maintenant. »

Or, Messieurs, c'était un livre que M. le préfet retenait indûment à la préfecture de police, et il paraît très-difficile de dire qu'un livre en cet état, ou exposé à de telles avanies, ait la plus grande somme de liberté qu'on ait jamais pu lui accorder.

En second lieu, j'ai dit que la demande tenait au droit de propriété. — Un manuscrit transformé en imprimé n'est-il pas une des propriétés les plus sacrées ?

Par un étrange rapprochement, à l'époque où M. le préfet de police agissait si vivement contre l'ouvrage du duc d'Aumale, le gouvernement nommait des commissions pour s'occuper de la propriété littéraire, en faveur de laquelle on faisait les plus magnifiques déclarations de principes ; mais quel rapprochement entre les actes et les paroles ?

Nous nous présentâmes donc devant le Tribunal de première instance pour soutenir la demande que je viens d'exposer. La première réponse qui fut adressée par des conclusions d'avoué à avoué fut que le Tribunal était incompétent. Nous demandions la restitution d'un ouvrage saisi, d'un meuble qui était notre propriété. C'était, nous disait-on dans des conclusions signifiées, une question purement administrative, et qui, par conséquent, ne pouvait être connue du Tribunal de première instance. — Il paraît qu'on eut crainte que le Tribunal ne reconnût pas aussi facilement cette limite si étrange qu'on voulait apporter à sa compétence ; car, dans des conclusions subséquentes, on chercha une autre fin de non-recevoir. On prétend que la poursuite étant exercée contre un agent du gouvernement, il fallait, aux termes de l'art. 75 de la constitution de l'an VIII, qu'elle fût autorisée par une délibération du conseil d'État.

C'est là-dessus, en définitive, que roula le débat devant le Tribunal, qui, à la date du 20 mai 1863, a rendu un jugement ainsi conçu, etc.

Messieurs, je veux être juste envers M. le préfet de police : il accueillit très-modestement le triomphe qu'il venait de remporter, car il ne permit pas que le jugement fût publié ni par les journaux politiques, ni, ce qui est plus surprenant, par les journaux judiciaires ; nul ne put même dire qu'un jugement avait été rendu statuant sur la poursuite que M. le duc d'Aumale et M. Michel Lévy avaient introduite devant le Tribunal de la Seine, et sans doute, si quelqu'un l'avait osé, on lui aurait répondu, comme dans la *Nation*, qu'il n'y avait pas un mot de vrai dans son récit.

Mon honorable confrère, Me Hébert, s'expliquera tout à l'heure sur ce qui concerne l'art. 75 de la constitution de l'an VIII. Pour moi, je n'ai l'intention que de dire quelques mots seulement du fond même de la demande, et cela pour deux motifs : en premier lieu, dans les conclusions que nous prenons devant la Cour, pour obtenir le rejet de l'exception qui nous a été opposée par le Tribunal, nous lui demandons de statuer au fond afin d'éviter de longs débats nuisibles évidemment à la chose en litige. En second lieu, il est utile, pour apprécier même si l'art. 75 est opposable, de savoir avec précision quelle est la nature de la demande portée devant les Tribunaux.

Les appelants se réunissent pour réclamer la restitution d'une propriété qui leur a été enlevée : rien de moins, rien de plus. Propriété sacrée, car elle est, pour l'un, le produit de ses longues veilles, pour l'autre, le produit de sa très-légitime industrie.

Sans doute, elle a pu être saisie, nous ne le contestons pas; mais la saisie est un moyen de mettre sous la main de la justice et non un moyen de s'approprier et de posséder. — Que la Cour me permette de mettre sous ses yeux les termes d'une consultation délibérée par un honorable jurisconsulte qui a vieilli dans les études des lois sur la presse, par M. Chassan, avocat à Rouen, et autrefois magistrat. Voici en quels termes il s'exprime :

« Dans cette hypothèse d'un livre déjà publié sur lequel un officier de police aurait mis la main, cette mainmise peut-elle se perpétuer, et quel est le moyen de la faire cesser ? Un tel acte est provisoire de sa nature. Si, dans un délai rapproché, l'ouvrage n'est pas déféré aux Tribunaux répressifs, la partie intéressée a le droit de faire tomber un pareil fait, en s'adressant aux Tribunaux civils, pour faire ordonner la mainlevée. Il y a là, en effet, une question de propriété, en même temps qu'une entrave au droit de publication; ces droits sont tous les deux sous la sauvegarde des Tribunaux ordinaires.

« Sous le précédent gouvernement, à l'occasion de quelques cas où la *mainmise* n'avait pas été suivie immédiatement d'une saisie régulière ou d'une citation en justice répressive, le soussigné n'avait pas hésité à indiquer le recours aux Tribunaux ordinaires, pour obtenir la restitution des livres ainsi arrêtés. Voici en effet ce qui est écrit dans le *Traité des délits de la parole et de la presse*:

« Cet abus s'est renouvelé au détriment des propriétaires des ob-
« jets arrêtés ; mais ceux-ci ont un moyen bien simple de faire cesser
« un tel abus : c'est, en cas de retard, de *s'adresser à l'autorité*
« *compétente pour faire ordonner la mainlevée de cette main-*
« *mise*, faute de poursuite de la part du ministère public ; par là
« la séquestration des objets saisis cessera, ou l'on mettra du moins
« un terme à la négligence de la poursuite. » (T. II, p. 241, 2e édition.)

« En pareille circonstance, en effet, il ne serait jamais venu à l'esprit de personne de décliner la compétence des Tribunaux ordinaires, saisis de la demande en restitution d'un livre indûment arrêté, sous le prétexte que cette *mainmise* était un acte administratif.

« L'opinion que le soussigné manifestait en 1846, lorsqu'il avait l'honneur d'appartenir à la magistrature du ministère public, il n'a pas de raison pour la déserter en ce moment; car la législation à cet égard est aujourd'hui ce qu'elle était hier. »

C'est dans cet ordre d'idées que M. le duc d'Aumale et M. Michel Lévy se sont adressés à la justice pour obtenir la restitution des volumes saisis, etc.

Imprimé par Charles Noblet, rue Soufflot, 18.

IMPRIMÉ PAR CHARLES NOBLET
RUE SOUFFLOT, 18

www.ingramcontent.com/pod-product-compliance
Ingram Content Group UK Ltd.
Pitfield, Milton Keynes, MK11 3LW, UK
UKHW012104240726
13965UKWH00004B/1525

9 782013 081122